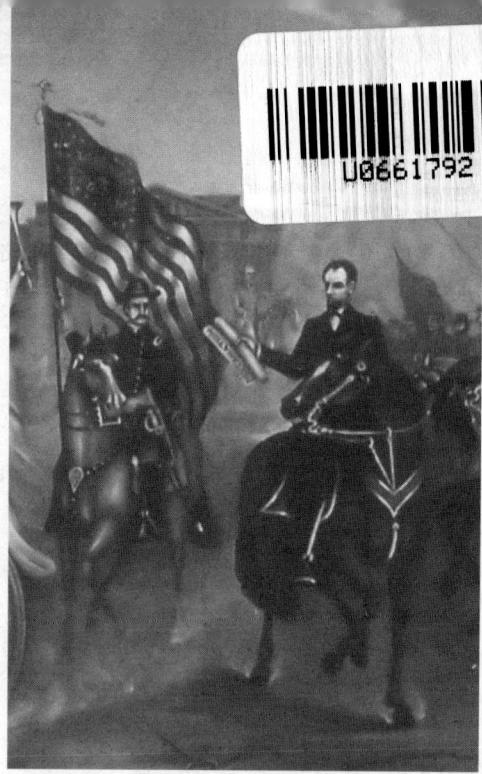

美国历史文献精选集

（美）查尔斯·W.爱略特（Charles W.Eliot）主编

刘庆国 译

American history

中华工商联合出版社

图书在版编目（CIP）数据

美国历史文献精选集／（美）查尔斯·爱略特
（Charles W. Eliot）主编；刘庆国译 . —北京：中华
工商联合出版社，2020.10
　　ISBN 978 - 7 - 5158 - 2852 - 7

　　Ⅰ．①美…　Ⅱ．①查…②刘…　Ⅲ．①历史 - 文献 -
汇编 - 美国　Ⅳ．①K712.06

　　中国版本图书馆 CIP 数据核字（2020）第 162652 号

美国历史文献精选集

主　　编：【美】查尔斯·W. 爱略特（Charles W. Eliot）
译　　者：刘庆国
出 品 人：刘　刚
责任编辑：林　立
封面设计：下里巴人
版式设计：北京东方视点数据技术有限公司
责任审读：郭敬梅
责任印制：陈德松
出版发行：中华工商联合出版社有限责任公司
印　　刷：盛大（天津）印刷有限公司
版　　次：2020 年 10 月第 1 版
印　　次：2024 年 1 月第 2 次印刷
开　　本：710mm×1020mm　1/16
字　　数：260 千字
印　　张：14
书　　号：ISBN 978 - 7 - 5158 - 2852 - 7
定　　价：68.00 元

服务热线：010 - 58301130 - 0（前台）
销售热线：010 - 58302977（网店部）
　　　　　010 - 58302166（门店部）
　　　　　010 - 58302837（馆配部、新媒体部）
　　　　　010 - 58302813（团购部）
地址邮编：北京市西城区西环广场 A 座
　　　　　19 - 20 层，100044
http://www.chgslcbs.cn
投稿热线：010 - 58302907（总编室）
投稿邮箱：1621239583@qq.com

序

　　为了给《传世励志经典》写几句话，我翻阅了手边几种常见的古今中外圣贤大师关于人生的书，大致统计了一下，励志类的比例，确为首屈一指。其实古往今来，所有的成功者，他们的人生和他们所激赏的人生，不外是：有志者，事竟成。

　　励志是动宾结构的词，励是磨砺，志是志向，放在一起就是磨砺志向。所以说，励志不是简单的立志，是要像把刀放在石头上磨才能锋利一样，这个磨砺，也不是轻而易举地摩擦一下，而是要下力气的，对刀来说，不仅要把自身的锈磨掉，还要把多余的部分都要毫不留情地磨掉，这简直是一场磨难。所有绚丽的人生都是用艰难磨砺成的，砥砺生命放光华。可见，励志至少有三层意思：

　　一是立志。国人都崇拜的一本书叫《易经》，那里面有一句话说："天行健，君子以自强不息。"这是一种天人合一的理念，它揭示了自然界和人类发展演化的基本规律，所以一切圣贤伟人无不遵循此道。当然，这里还有一个立什么样的志的问题，孔子说："士不可以不弘毅，任重而道远。"古往今来，凡志士仁人立的都是天下家国之志。李白说：大丈夫必有四方之志，白居易有诗曰：丈夫贵兼济，岂独善一身，讲的都是这个道理。

二是励志。有了志向不一定就能成事，《礼记》里说："玉不琢，不成器。"因为从理想到现实还有很大的距离。志向须在现实的困境中反复历练，不断考验才能变得坚韧弘毅，才能一步一个脚印地逐步实现。所以拿破仑说：真正之才智乃刚毅之志向。孟子则把天将降大任于斯人描述得如此艰难困苦。我们看看历代圣贤，从世界三大宗教的创始人耶稣、穆罕默德、释迦牟尼到孔夫子、司马迁、孙中山，直至各行各业的精英，哪一个不是历经磨难终成大业，哪一个不是砥砺生命放射出人生的光芒。

三是守志。无论立志还是励志都不是一朝一夕、一蹴而就的，它贯穿了人的一生，无论生命之火是绚丽还是暗淡，都将到它熄灭的最后一刻。所以真正的有志者，一方面存矢志不渝之德，另一方面有不为穷变节、不为贱易志之气。像孟子说的那样："富贵不能淫，贫贱不能移，威武不能屈。"明代有位首辅大臣叫刘吉，他说过：有志者立长志，无志者常立志，这话是很有道理的。

话说回来，励志并非粘贴在生命上的标签，而是融汇于人生中一点一滴的气蕴，最后成长为人的格调和气质，成就人生的梦想。不管你做哪一行，有志不论年少，无志空活百年。

这套《传世励志经典》共收辑了100部图书，包括传记、文集、选辑。为励志者满足心灵的渴望，有的像心灵鸡汤，营养而鲜美；有的就是萝卜白菜或粗茶淡饭，却是生命之必需。无论直接或间接，先贤们的追求和感悟，一定会给我们带来生命的惊喜。

徐　潜

前　言

　　当一系列美国发生的重大历史事件，摆在我们面前时，我们不难发现，就是这些真实的资料，反映出历史创造者们所走过的足迹，也让我们领略了美国人民政治进步的缩影。

　　这些文件用当代术语从最初发现美洲大陆的个人记录开始，陆续介绍了新英格兰殖民地的第一批居住者们的意图，以及组建一个新的政府机构的最初尝试；还进一步介绍了殖民地人民要求争取独立，以及建立宪法的奋斗目标，这些都为将来国家政策的制定及宪法的具体阐释奠定了坚实的基础；每一块国土面积的增加都以条约文本的形式得以印证，最初的各州文件也充分显示了国家在不断扩大过程中每场战争的主要原因及其产生的主要影响。

　　用美国第 16 任总统亚伯拉罕·林肯的葛底斯堡演说中较为经典的一句，开启这场珍贵的旅程：

Four score and seven years ago, our fathers brought forth on the continent a new nation, conceived in liberty, and dedicated to the proposition that all men are created equal.

87 年以前，我们的祖先在这片大陆上建立了一个新的国家，它孕育于自由之中，并且奉行所有人生来平等的信念。

目 录

1. 驶向"文兰"（北美洲）
（公元前 1000）

【以下对于莱弗·埃里克松发现美洲的描述源于"红发埃里克的传说"。这段传说记录在乔恩·索德哈森于 1837 年著作的《佛莱特亚》（中世纪的一部著名作品）一书中，之后 A. M. 里夫斯对其进行了调整从而形成了现在的译文。时至今日，学者们对于记录中莱弗究竟是在哪段海岸登陆的问题仍是众说纷纭，近来的研究倾向于是拉布拉多的南部海岸，然而仍有众多学者坚信"文兰"位于新英格兰海岸。】

天赐良机，莱弗接受洗礼

光阴荏苒，自红发埃里克殖民格陵兰岛算起，十六个寒冬匆匆而过。此时，他的儿子莱弗踏上了从格陵兰岛驶向挪威的旅途。春去秋来，莱弗到达了挪威中部的特隆赫姆。适逢挪威国王奥拉夫一世从北部的哈拉哥岛驾临，莱弗赶忙开船去尼达洛斯拜见他。正如对其他前去拜见他的异教徒所做的那样，虔诚的基督教徒——奥拉夫一世向莱弗宣扬了一番他的信仰。他轻而易举便说服莱弗信奉了基督教，随后莱弗便与他的船员一道顺理成章地接受了基督教的洗礼。接下来的整个冬天，莱弗都陪伴着国王，和国王在一起的时光，他感觉无比快乐。

比阿尼踏上探索格陵兰岛之路

游吟诗人哈瑞夫森的儿子哈瑞夫是第一位殖民者英格夫的族人，为此英格夫分封了瓦格到里卡尼斯（北美洲地名）之间的土地给他，起初，他定居在德普斯道科（古代北美洲地名）。哈瑞夫和他的妻子斯奥德有个前途无量的儿子——比阿尼。他德才兼备，自幼便树立了航海的远大志向，为人称道。同时，他也积累了不少财富，这些都为他后来事业的发展奠定了良好的基础。

比阿尼习惯一年远行，一年陪在父亲左右，交替度过寒冬。没多久他就成了一艘商船的所有者，然而就在他最后一次外出在挪威过冬的时候，他的父亲哈瑞夫突然决定打算放弃所有的土地，追随红发埃里克远征格陵兰岛。出发时，一位来自赫布里底群岛的基督教徒与哈瑞夫一同站在船上，正是他谱写了那首《大海征服者之歌》，歌词中这样写道：

> 我们去征服那些懦弱的人们
> 虽然除了心灵一无所有，但现在我们勇于承担一切
> 他支配着上帝的门庭
> 愿胜利之鹰永远庇佑着我！

历经磨难，他们终于到达了格陵兰岛。哈瑞夫决定定居在最

初登陆的地方，并以自己的名字为它命名——哈瑞夫尼斯，在那里他远近闻名。而领导者红发埃里克居住在布莱特赫里德，在那里，他拥有最高的荣耀，受万人敬仰。红发埃里克的三个儿子分别叫莱弗、斯奥沃德和斯奥斯坦因，还有一个叫弗雷迪斯的女儿。后来弗雷迪斯嫁给了一个与她哥哥同名的斯奥沃德为妻，他们移居到加达（Gardar——美国地名），那里如今正是新教圣公会的所在地。弗雷迪斯天性自视甚高，而她的丈夫斯奥沃德却畏首畏尾、缺乏魄力，弗莱迪斯主要是为了他的钱财才委身于他。那时基督教还未传播至格陵兰岛，格陵兰岛的居民还都是异教徒。

春季时，哈瑞夫远征格陵兰岛。同年夏天，比阿尼便率领他的船队到达了艾拉（城市名称，位于冰岛东部）。刚到港口，还未来得及卸货，比阿尼就听说了其父远征的消息，这使得他惊诧万分，久久不能平静。船员见状，纷纷征求他的意见，看他如何打算。

比阿尼定了定神，表示他想要坚持习俗，冬季侍候在老父身前。他说："如果你们愿意与我一道，这艘船将驶往格陵兰岛。"听后，船员们纷纷表示愿意服从他的决定，一同前往格陵兰岛。比阿尼紧接着又说道："在别人看来，我们这次航行注定要冒极大的风险，毕竟我们中没有任何一人曾到达过格陵兰岛所在的那片海域。"

然而，他们并不退缩，在准备妥当之后便毅然启程。航行并非一帆风顺，在他们起航的三天后，陆地早已被浪花所吞没，往日万里无云的好天气也已消失不见，北风越发强劲，呼啸而过，船员们知道无论驶向何方，都得穿过一片又一片迷蒙的海域。当浓雾终于散去，阳光再次照耀在海面上的时候，船员们欢呼雀跃。在穿过海域后，一块陆地终于进入了他们的视线之内。对于这片陆地是否就是格陵兰岛，船员议论纷纷，而比阿尼自己却不相信这就是格陵兰岛。

有船员问道是否驶向这片陆地时，比阿尼发号施令："我决定先靠近看看再说。"船员照做，当船靠近陆地时才发现这里地势平坦，植被茂密，低矮的山丘交错其间。比阿尼下令船员们放下风帆，顺着左舷一侧离开这里。航行仍在继续，在又遭遇了两片浓雾弥漫的海域后，另一片陆地出现在了他们眼前。船员们询问比阿尼，问他是否认为这是格陵兰岛，比阿尼回复道，他不认为这块陆地比之前的更像格陵兰岛。

"我这么说是因为相传在格陵兰岛是有高耸入云的冰山。"比阿尼如是解释道。很快他们便靠近了这片陆地，陆地地势平坦，植被丰茂，根本没有雪山的影子，似乎是幸运女神舍弃了他们。船员们聚在一起商议，断定在此登陆不失为明智之举，而比阿尼对此却不以为然。船员们以缺乏木材和淡水作为理由，比阿尼反驳道："这些东西没一个你们缺的。"

事实胜于雄辩，比阿尼赢得了这场争论。他命令船员继续航行，背向陆地调转船头，驶向深海。趁着西南风，一次性穿过了三片浓雾弥漫的海域后，他们抵达了第三块陆地。这片陆地山脉高耸，绵延不绝，其中不乏雪山矗立。船员又去问他是否登陆，他仍没有这样的打算，"这里对我完全没有吸引力。"他说道。

他们毫不减速，径直离去，才发现这里只是一座小岛罢了。他们与和风煦日相伴，把小岛甩在船尾后，继续航行。航行中，海上风力突然加大，比阿尼指挥着船员们，收紧风帆，控制航速，以防速度过快与船体状况和配置不匹配。在又经历了四片大雾茫茫的海域后，第四块陆地终于映入了他们的眼帘，船员赶忙问这是不是格陵兰岛，这次他们终于得到了肯定的答复："依照给我的信中所描述的景象，这里应该就是格陵兰岛了，这次我们驶向海岸，准备登陆。"

他们将船开到海岬下方，入夜以后，他们终于登上了停靠着小船的这个海岬。事实上，比阿尼的父亲哈瑞夫恰好就住在这个海岬之上，这个海岬也由此而得名，被后人称作哈瑞夫尼斯。

苦尽甘来，比阿尼终于与分别多日的父亲重逢了，他决定暂时放弃航海，在他父亲的有生之年都留在这里，常伴老父左右，以尽孝道。

格陵兰人的历史概述

接下来我们所要讲述的是比阿尼·哈瑞夫森如何从格陵兰岛出发去拜访埃里克伯爵的故事，从伯爵身上他受益良多。

登陆后比阿尼仔细描述了他这一次航海经历，有人因为他并未对那些陆地加以记录而觉得他缺乏进取心，为此他还受到了指责。后来比阿尼成了伯爵的属下，奉命在来年夏天再去格陵兰岛。

现在先让我们来讲讲那些"发现之旅"吧。居住在布莱特赫里德的莱弗是红发埃里克的儿子，他前来拜访了比阿尼·哈瑞夫森并从他手里购买了一艘船，随后又招兵买马，直到凑齐了35名船员，才准备出海。莱弗前去拜见他的父亲埃里克，并邀请他作为这次远航船队的船长，结果遭到了埃里克的拒绝，埃里克说自己已经年迈，并补充说现在的他已经不能像年轻时那样能够承受终日阳光暴晒之苦了。

莱弗回答，尽管如此，在关键时刻他定能成为给大家带来好运并助大家一臂之力的人。功夫不负有心人，在临出发前莱弗的恳求终于打动了埃里克，埃里克决定带领大家出海，然而就在埃里克骑马从家赶去港口时，意外发生了，就在离船不远的地方，埃里克所骑的马被绊倒在地，而他本人则从马背上摔落下来，伤到了双脚。起身后，埃里克高声喊道："我不奢求能够发现与我们现在所居住的岛屿相比更多的土地，但这回我们再也不能一同航行去更远的地方了。"

埃里克不得已只好返回在布莱特赫里德的家中养伤，而莱弗和另外 35 名船员紧接着就登上了船，对莱弗和他的父亲忠心耿耿的德国人雅克也在其中。莱弗和他的船员们有条不紊地做着最后的准备工作，等一切准备妥当，他们便乘风破浪，扬帆起航。

在航行中他们的第一站正是比阿尼他们最后所看到的那块陆地，他们靠近陆地，抛锚停船，换乘小船上岸，众人发现这片陆地一片荒芜，寸草不生。巨大的雪山背海而立，从雪山到大海，这中间自始至终都是由平直的岩石形成的高原，整座陆地毫无生气。莱弗随即说道："和比阿尼那时一样，对于这片陆地我们还毫无建树，因此现在我将它命名为'荷鲁兰'。"说罢便返回船上，朝着第二块陆地进发。

到达第二块陆地后，他们如同之前一样，先抛锚停船，然后换乘小船上岸。这片陆地绿树成荫，广阔而洁白的沙滩一直延伸至他们脚下，陆地与水面几乎齐平，风景秀丽，引人入胜。随后莱弗说道："这块陆地理应以它美丽的自然风光为名，我们以后就称它为'乌克兰'。"说罢，船员即刻登船，不做停留，乘着东北风全速前进。

在经历了两片浓雾弥漫的海域后他们又看到了一片陆地。他们的船驶向陆地的途中却先到达了一座位于陆地以北，与其隔海相望的小岛。初抵小岛海滨，环顾四周，恰是阳光明媚之际，青草上还披着尚未蒸干的露珠，众人陶醉其间。一个偶然的机会，船员们用嘴抿了抿沾着露珠的双手，他们惊讶地发现，这是如此的甘甜，远胜他们曾经尝过的那些。船员们再次回到船上，继续起航，试图驶入夹在小岛与陆地向北延伸出来的海岬间的海峡，他们沿着西侧通过海岬，结果赶上退潮，水由深变浅，不得已他们被搁浅在距离深水区还有一定距离的地方。

不等潮汐上涨到推动船前进的时候，船员们就已经迫不及待地想上岸了。船员们决定乘着小船加速划向那条从外流湖流淌而出的河流。就在此时，潮水上涨了，海水渐渐变深，船员们赶忙划着小船赶回船上，开着船顺着河水逆流而上直达其源头——外流湖。而后在那里抛锚停船，带着吊床来到岸上，安营扎寨。后来船员们决定要在此过冬，因此依水建起了宽敞的房屋。这里物产富饶，住所周围的河或湖里大马哈鱼比比皆是，体积也远胜他们以前所见过的，即使是冬天，家畜也不需要人工饲料，当真是物阜民丰。冬季没有酷寒，只有些许青草枯萎罢了。

相比较于格陵兰岛和冰岛，这里昼夜长短更接近等长。在白昼最短的那天——冬至，太阳从艾克斯泰德和达格玛拉斯特之间升起。待到房屋竣工之日，莱弗对船员们说："我计划将咱们的人手一分为二出去探索这片土地。一半的人留守在营地，另外一半人将深入陆地进行探查。这些人探查不得超过一日往返的距离，且不得独自一人。"为此他们进行了一次尝试。而莱弗自己则依次进行留守和带队探查。莱弗此人实乃人中龙凤，不仅风度翩翩、仪表堂堂，且才思敏捷，对所有的事都能做到公平二字，堪称人杰。

歪打正着，莱弗礁上救人

一天晚上，莱弗的船员们忽然发现有一名船员不知所踪，经查证，正是那个德国人雅克。雅克侍奉了莱弗和他父亲很久。从莱弗的孩提时代起，雅克就对他忠心耿耿，因此雅克的神秘失踪令莱弗格外揪心，惴惴不安。莱弗大发雷霆，严厉地斥责了其他船员的漠视，并选出 12 名船员与他同行，准备深入搜寻雅克。然而他们还没走多远就碰上了雅克，船员们热情地与雅克打招呼。

莱弗马上注意到，他的这位养父神采奕奕，容光焕发。雅克额头突出，双眼中透着精干，个头不高，身材瘦小，虽然相貌并不过人，但确确实实是个有能力的工匠。莱弗追问道："我敬爱的养父，您怎么这么晚才到这，而且还是独自一人？"雅克先用德语回答了一会儿，结果发现他们都没听懂，于是翻翻眼睛、笑了笑，之后又操着一口北方口音解释道："我并没有你们走得远，也没啥新奇的事，但是我发现了葡萄树还有结在藤上的葡萄。""养父，这是真的吗？"莱弗赶忙问道。"那当然了，"雅克接着说道："我出生在种植葡萄的地方，葡萄和葡萄树遍地都是，怎么会认错呢？"船员们高高兴兴地返回住所，踏踏实实地睡了一夜。

次日，莱弗召集全员并宣布："我们要分出人手，每天要么采摘些葡萄回来，要么砍些葡萄藤葡萄树回来，以此来作为船上的货物。"船员们遵照他的指示开始行动，没多久，他们的后船中便载满了葡萄。待到春暖花开之时，他们便满载着一船货物返航了，临走时莱弗因为这座陆地盛产葡萄，便以此给它命名为"温兰德"。

返程之路一直风平浪静，直到他们已经可以看到格陵兰岛，将船驶入冰川之下时，发生了突发状况。一名船员大声呼喊着："这个时候你为什么要将船开得这么快？"莱弗反驳道："对于航海或者类似的事情我都有自己的想法，难道你们没有发现什么不寻常的事吗？"然而船员们回答称并未发现任何异常。"我不知道，我看到的是不是船或者礁石？"莱弗回答道。随着航行的继续，船员们终于看清楚了，纷纷表示那一定是块礁石，而莱弗则比他们更为敏锐，他发现有人在那块礁石上。

"我想我们还是顺风航行为妙，"莱弗说道，"这样以便我们能靠近他们，如果他们需要帮助我们可以施以援手，如果他们不想和平处理或怀有敌意，我们也能比他们更好地掌控局势。"他们的船缓缓驶向礁石，抛锚停船，换乘带来的小船，靠近礁石。

雅克询问礁石上的人们谁是他们的领头人。其中一个挪威人回答说自己叫索瑞，是他们的领袖。索瑞随即反问道："那你叫什么？"莱弗报上自己的名号。索瑞激动地问道："你就是住在布莱特赫里德的红发埃里克之子？"莱弗点头称是，随后说道："希望你加入到我们的船队中，你的船还有其他财物可以保留。"索瑞等人接受了这项提议，连同船只一起并入了莱弗的船队，一同离开了"埃里克峡湾"，直抵布莱特赫里德。

在港口卸完货后，莱弗前来看望索瑞以及他的妻子古德里德，并且邀请他们夫妻二人及其他三名船员去他家做客，同时莱弗还邀请了索瑞及自己船队的四分之一的人员一同前去。

在这次航行中莱弗一共从礁石上救下了15人，后人便称呼他为"幸运的莱弗"，现在的莱弗真可谓是名利双收。可惜好景不长，冬季时，一种严重的疾病在索瑞的船队里蔓延开来，包括他本人在内的很多水手都不幸去世，而莱弗的父亲红发埃里克也在此时驾鹤西去。后来人们对于莱弗这场温兰德之行众说纷纭，而莱弗的兄弟斯奥沃德也认为温兰德那片土地并未被充分探查。随后，莱弗便告诉斯奥沃德："如果真是这样，我的兄弟，你可以用我的船再去趟温兰德，但是我希望先用船取回索瑞留在礁石上的木材。"斯奥沃德欣然首肯。

斯奥沃德的温兰德之行

随后，斯奥沃德采纳了他兄弟莱弗的建议，召集了 30 名船员，准备再探温兰德。待到一切准备妥当，他们便出海了。在到达莱弗建在温兰德的营地之前，这次航行一帆风顺，没什么好描述的。他们将船停在营地附近，以鱼为食，平平安安地度过了整个冬季。

转眼间积雪消融，冬去春来，斯奥沃德召集船员检修船只，然后派一部分人驾驶检修过的船只沿西海岸前进，他们于夏季抵达那里。探索中，船员们发现这里风和日丽，树木郁郁葱葱，从森林到海滨这段不远的距离间，像很多岛屿和滩涂一样，分布着白色的沙滩。一路上，他们并未发现人类的住所或者野兽的巢穴，只是在西边的一座小岛上发现了用来保护农作物的木质建筑，但再没有其他的人类制造留下的痕迹。他们决定返航，冬季时便回到了莱弗建造在温兰德的营地之中。

船员们在这里度过冬天和春天，又是一年夏季来临时，斯奥沃德率领部分船员沿着北部海岸向东探索。在穿过海岬时遭遇一阵强风，强风把他们刮到了海岬的岸边，而他们船的龙骨也因此而损坏了，他们被迫在这儿滞留一段时间来修理损坏的船只。当龙骨修好，可以再度出航前，斯奥沃德对他的船员们说："因为我们在这里更换了龙骨，我提议以后称这里为'龙骨之地'。"船员们纷纷表示赞成。

　　随后他们离开陆地向东航行，顺着相接的河口三角洲进入了延伸至海中的海岬里，那里树木繁茂，植被茂盛。他们找了一处合适地点抛锚停船，放下绳梯，斯奥沃德与他的船员一道上了岸。目睹了这里的风光后，斯奥沃德赞叹道："这真是个好地方，我很向往能来这定居。"说罢便准备返回船上，这时他们发现海岬的沙滩上有三个土丘状的物体，便走上前去观看，这才发现那是三个皮艇，每个皮艇里面坐着三个人。

　　于是斯奥沃德和船员们分头出动，除了其中一个凭借皮艇逃走之外，他们成功捕获了剩下的八个人。他们处死了这八个人，再次登上海岬，环顾四野，发现在河口那有几个小土丘，想必就是这些人的住所了。斯奥沃德他们返回船舱里就进入了梦乡，正当他们熟睡之际，上面突然传来的一阵哭喊声惊醒了他们。

　　一人哭喊着："快醒醒，斯奥沃德，你，还有你的船员，如果你们想保住性命，就赶紧一起登船，全速逃离这里！"斯奥沃德和他的船员赶紧照做，他们看到无数的皮艇从河湾内源源不断地驶出来追赶他们。面对这种情况，斯奥沃德大喊道："我们必须打开船体两侧所有的武器，火力全开，才能尽最大的努力来保护我们自己，零零散散的反击根本无济于事！"

　　在他们全力开火了一阵后，那些追击他们的人四散而逃，仓皇离去。安稳下来后，斯奥沃德询问船员们是否有人负伤，船员们上报并无伤亡，全员安然无恙。斯奥沃德却说道："我腋窝这儿中箭了，一支箭顺着夹板与盾牌之间射中了我的胳膊。这支箭将夺走我的生命，我命令你们现在全速返航，至于我，你们可以把我送到那座海岬上，那里看上去对我是个好去处，之前我所说的希望在那定居全都是实话。你们可以把我埋葬在那里，放两个十字架在我身上，一个放在头上，一个在脚上，然后高声喊出'愿上帝与我同在'……"斯奥沃德是个基督徒，那时，基督教已传入了格陵兰岛，顺便一说，在红发埃里克死时基督教还未在那儿流传。

斯奥沃德去世了，当与他随行的船员在执行他的遗嘱时，打破了承诺，他们召集全部船员，互相诉说那些经历。船员们又在温兰德滞留了一个冬季，等船上装满了摘来的葡萄和砍伐的木料时，在第二年春他们终于返回了格陵兰岛，抵达了埃里克夫斯（岛上一处地名），在那里他们向莱弗禀报了斯奥沃德去世的重大消息。

斯奥斯坦因·埃里克森在西部的据点去世

在此期间，埃里克夫斯的斯奥斯坦因与斯奥布莱恩之女古德里德完婚的消息在格陵兰岛广为流传。众所周知，古德里德曾经是索瑞·伊斯曼的妻子。现如今，在看到他兄弟斯奥沃德的尸体后，斯奥斯坦因也打算航海去温兰德，他准备了与他兄弟一样的船只，选拔出25个身形健硕的壮汉与他随行，还带上了他的妻子古德里德。当一切准备就绪，他们便起航驶向一望无际的大海，陆地随着他们的前进渐渐消失在他们的眼中。然而，他们并没有去温兰德，整个夏天都是漫无目的地四处飘荡，直到失去了航向。

最终在冬季来临的第一个星期，他们抵达格陵兰岛的西部据点利苏夫斯，并在那上岸。斯奥斯坦因开始为他的船员们四处搜寻住处，功夫不负有心人，他成功地为他所有的船员找到了住处，然而他和他的妻子却没有地方可以住，只好一起在船上待了两天，当然时间也可能更久。顺便一提，在这个时候基督教在格陵兰岛还处在萌芽期。

不幸的是，斯奥斯坦因在这个冬季病逝了。为了举行葬礼，大家将他的尸体平放在船上。斯奥斯坦因这位受人敬仰的师长，忠实地履行了对他妻子的所有承诺，为满足妻子的心愿，他在春季变卖了所有的土地与家畜，带着所有积蓄陪妻子踏上了航海之旅。他修整船只，招募船员，随后驶往埃里克夫斯。

现在逝者的尸体安葬在教堂中，等到古德里德回到布莱特赫里德的家中见到莱弗后，就把斯奥斯坦因安葬在埃里克夫斯之前为自己而建的家园内，他将永远沉睡在那里，像伟人般受万人瞻仰。

托尔芬·克尔塞夫尼及其伙伴的温兰德之旅

恰逢斯奥斯坦因去世那年的夏天，一名叫托尔芬·克尔塞夫尼的船长率领着他的船队从挪威来到了格陵兰岛。他不仅是斯奥·豪斯赫德之子，也是冰岛学者史诺里的孙子（史诺里是斯奥·霍夫迪之子）。

托尔芬·克尔塞夫尼出身不凡，家财万贯，他与古德里德两情相悦，萌生了执子之手与子偕老之意。古德里德带着他去征求了莱弗的同意，得到许可后便与托尔芬订了婚，待到冬季便与他举行了婚礼。

婚后不久，岛上的民众对于温兰德之行又一次议论纷纷，部分民众敦促克尔塞夫尼赶紧起航再探温兰德，对此古德里德并不赞成。经过再三考虑后，托尔芬决定出海再探温兰德。这一次，他召集了 60 位男性 5 名女性同行，并与他们签订了协议，对于此次航行中的战利品都将均分给所有人。出发前，他们装载了各种各样的家畜到船上，因为如果可能的话，他们打算在那里定居。托尔芬还和莱弗要了他在温兰德的营地，但莱弗并不是赠予，只是租借而已。

就这样，他们开始了他们的温兰德之旅，一路上风平浪静，他们顺顺利利地到达了莱弗的营地并将吊床拿到岸边安营扎寨，很快就美餐了一顿。这顿美餐的食材来自一头个头不小、肉质鲜美的鲸鱼，他们把鲸鱼拖到岸边宰杀掉，这下他们再也不缺食物了。他们把船上装载的各类家畜卸在陆地上，不过很快男人们就变得焦躁不安、性格暴躁起来，原因是他们带来了一头公牛并放养在他们身边。

在克尔塞夫尼的指挥下，船员们伐倒了一棵棵树木，然后将其劈成木材放置在悬崖上进行风干，再装进船舱里。船员们还把这片土地上稍微有价值的东西统统收集起来，比如葡萄、各种各样的野味以及鱼类等。大地回春，来到温兰德的第一个冬季弹指间便过去了，夏天的时候船员们发现了一大群斯克莱人（古代土著人的一种），他们从丛林深处走了出来。

家畜们紧挨在一起，公牛开始发出大声的嘶吼，随即斯克莱人受到了惊吓，带着他们的包裹四散而逃，包裹里装着灰色、褐色的毛皮，还有各种各样的皮货。他们朝着克尔塞夫尼他们住所的方向逃窜并试图进入房子里，而克尔塞夫尼下令，严守房门，拒他们于屋门之外。他们与斯克莱人语言不通，没有人能理解对方的意思。之后斯克莱人把他们的包裹放在地上，然后解开，想用他们包里的皮货来以物换物，在他们想要交换的东西中，他们尤其希望通过交换得到武器，然而克尔塞夫尼明令禁止船员出售武器给他们。他自己别出心裁，命令女船员把牛奶拿给斯克莱人，他们一看到牛奶，就迫不及待地想要交易，对其他的东西都置若罔闻了。

现在他们的包裹和皮货与克尔塞夫尼和他的船员们交换之后，斯克莱人完成了这次交易，带着他们的成果——一肚子的牛奶，心满意足地离开了。事后，克尔塞夫尼下令在房子周围扎起了结实的木质栅栏。就在这时，克尔塞夫尼的妻子古德里德喜得贵子，起名为史诺里。在到达这儿的第二个初冬时节，斯克莱人又来了，这一次他们带着与上次一样的皮货但人数远胜之前。

随即，克尔塞夫尼对女船员说道："你们现在把那些上次很赚钱的食物都拿出来，不要拿其他东西。"当斯克莱人看到那些拿出来的食物后，纷纷把包裹扔进栅栏里面来，而古德里德正坐在屋内门口的位置，摇着她儿子史诺里的摇篮。突然一道身影闪入门内，一个身着短装的女人走了进来。她身材不高，头上系着头巾，浅棕色的头发，面色发白，她的双眼硕大无比，以前根本不曾见过。

她走到古德里德身边问道："你叫什么名字?"古德里德回答道："我叫古德里德，那你呢?""我也叫古德里德。"对方回答道。作为家庭妇女的古德里德摆手示意来人坐在她的身旁。然而碰巧在那一瞬间，古德里德听到一声巨响，身旁的那个女人仓皇而逃，与此同时，克尔塞夫尼的一名船员击毙了一个正要拿起武器的斯克莱人。面对这种情形，其他斯克莱人仓皇逃走，连衣服和用来交换的货物都顾不上收拾。"现在我们需要一起好好商量商量了，"克尔塞夫尼说道："因为我相信他们第三次再来的时候，就是攻击我们的时候，而且人数众多。现在我们要有计划，我们中的十个人要到海岬上放哨，其他人要进入丛林，为我们的家畜开辟出一片空地，我们还要带上我们的公牛，并让它走在前面。"

这里的地形正如在会议上提到的，一边是湖一边是森林，克尔塞夫尼的提议如今得到了落实。当斯克莱人进入到克尔塞夫尼先前已经为遭遇战选好的地点时，战争终于爆发了。斯克莱人血流成河，尸横遍野，而在他们中有位身形健硕、举止潇洒之人，克尔塞夫尼料定他就是他们的首领。一名斯克莱人捡起斧头，盯着斧头看了一阵，向着一名同伴挥舞了一下，同伴应声倒地而亡。那名高大首领见状抓住斧头，打量了片刻之后，尽力把斧头扔进了海中。斯克莱人不敌克尔塞夫尼一方，慌忙逃进丛林中，这场交锋到此暂时画上了句号。

克尔塞夫尼一方在温兰德又停留了一个冬季，然而第二年春天时，克尔塞夫尼宣布无意在温兰德继续停留，决定返回格陵兰岛。船员们做好返航准备，他们带着大量的葡萄树、葡萄，还有皮货之类的战利品，满载而归。驶入大海之后，他们一帆风顺地到达了埃里克夫斯，并在那里度过了冬季。

弗雷迪斯致使两兄弟身亡

有关温兰德之行的话题为人津津乐道，因为人们认为这是名利双收的事业。在克尔塞夫尼从温兰德归来的同年夏季，一艘由赫尔吉和芬葆吉两兄弟率领的船从挪威来到了格陵兰岛，并在这里过了冬。这两兄弟来自东部峡湾的冰岛家庭。

现在我们就要提到红发埃里克的女儿弗雷迪斯了。她从加达老家出发，为了邀请两兄弟一同航行特意赶到温兰德去拜访、游说二人。为此她提出均分所有他们可能在温兰德得到的战利品。

因为这项提议，兄弟二人答应了她的请求。事成之后，弗雷迪斯从兄弟二人那里赶去拜访她的兄弟莱弗。她向莱弗索要他在温兰德建造的住所，像对待克尔塞夫尼的请求一样，莱弗承诺借给她住所，但不是赠予。

克尔塞夫尼也和弗雷迪斯约定，每人的船上除了妇女应该只有 30 名能干的男性水手。然而难缠的弗雷迪斯事后立马毁约，比约定的多带了 5 个人，但这件事在到达温兰德之前两兄弟并未察觉。他们出发时，像事先说好的那样，如果可能的话就结伴而行。然而虽然他们彼此离得并不远，但两兄弟还是稍微提前一点到达了温兰德，并且把他们的东西放进了莱弗在温兰德的住所里。

等到弗雷迪斯到达，停船卸货，将行李运到莱弗的住所时，却发现住所已被兄弟二人所占。随即，弗雷迪斯恼羞成怒道："你们为什么把行李放在这里？"兄弟二人回答道："因为我们相信我们将会信守我们之间的约定。"弗雷迪斯反驳道："这是我兄弟莱弗借给我的，不是给你们的！"随之赫尔吉大声说道："对于这个问题我们兄弟二人不想和你争。"说罢便将行李从屋里搬了出来，又在临海的湖岸旁搭建了临时住所，把一切安置妥当。而弗雷迪斯则下令船员们砍伐木材装进船舱。

时间一晃而过，冬季来临了，两兄弟提议他们应该做些游戏来消遣。游戏持续了一段时间，待到双方开始有意见，产生矛盾后停了下来，而这之后双方的交流也中断了。

有天清晨，弗雷迪斯起了个大早，穿好衣服，但没穿鞋和袜子，厚重的露珠打落下来，她披着她丈夫的外衣，裹着自己然后走向那两兄弟的住所。到了门口时她发现，之前有一个人离开时没有关好门，门是半掩的。她推开门，静静地站在门口，而芬葆吉睡在屋子的最里面，他惊醒过来问道："你来这干什么，弗雷迪斯？"她回答道："我希望你能起来陪我出去走走，因为我有话要对你说。"芬葆吉快速起身与她走了出去，他们走向房子外墙边上的一棵树，然后在树下坐了下来。

"你喜欢这里的什么？"弗雷迪斯问道。"我喜欢这肥沃的土地，但是我对我们之间的隔阂并不开心，在我看来，这是毫无道理的。"芬葆吉回答道。"对我而言又何尝不是呢。我有个请求，我想和你们兄弟交换一下船只，因为我觉得你们的船比我们的船大，过一阵儿我想离开这。"芬葆吉回答说："如果你高兴的话，这个要求我可以答应你。"随后二人便分开了，弗雷迪斯回了家，而芬葆吉也回到住所上床休息。弗雷迪斯一回家就爬上了床，她冰冷的双脚惊醒了熟睡的丈夫斯奥沃德。丈夫问她双脚为何如此冰冷而且还湿漉漉的，她情绪激动地回答道："我去了那两兄弟那，想要买下他们的船，因为我想要更大点的船，但他们不仅不接受我的提议还粗暴地打了我。都什么时候了，你这个贱骨头，畏畏缩缩，既不为我所受的耻辱报仇也不为你自己，我再也不回格陵兰岛了，而且我要和你离婚，除非你为我洗刷耻辱！"

这一次斯奥沃德再也无法忍受她的奚落了，他立刻召集人手，带好武器，径直前往两兄弟的家中，在他们还在熟睡之时破门而入，抓住了他们然后捆绑起来。当兄弟二人被抓住的时候其他人四散逃跑，弗雷迪斯早就在门外等候他们了，他们出去一个弗雷迪斯就杀一个，所有的男人都死了，只有妇女幸存了下来。弗雷迪斯高声喊道："给我递把斧头过来！"她手持斧头砍杀了5个妇女，其他人在看到这恐怖的举动后都跑回了屋子里，而弗雷迪斯对她的杰作看上去很是满意。她叮嘱她的同伴道："如果我们要回到格陵兰岛，我会杀掉所有泄露今天这件事的人，我们必须说在我们离开这儿的时候，这兄弟二人及其随行人员留在了这里。"

待到早春时节，他们装备了原本属于那两兄弟的船，他们用这艘船来运输那些他们从温兰德获得的可以被带走的物品。随后他们开船出发，驶向格陵兰岛，他们一帆风顺地于夏初时节到达了埃里克夫斯。到达时克尔塞夫尼正好在那里准备出航，他已经万事俱备只欠东风了，人们看到他俩相遇便说弗雷迪斯的船比克尔塞夫尼没有离开格陵兰岛的船装的货还要多，看来真是满载而归，收获颇丰啊。

心乱如麻的弗雷迪斯

如今，弗雷迪斯安然无恙地回到了她的家中，因为急于掩饰她的罪行，她给她的船员们支付了丰厚的报酬。之后便回到了自己的家中，而她的船员们并不全都是对他们的罪行口风很紧的人，流言蜚语终究流传了出去。这些谣传传到了她的兄弟莱弗的耳朵里，莱弗认为这简直就是奇耻大辱，随即便抓来了两名弗雷迪斯的船员，进行逼问，结果他们所言与谣传完全一致。莱弗悲伤地说道："我的姐姐弗雷迪斯本应受到她应有的惩罚，可我着实不忍心，但我承诺会支付一笔钱给那些惨死之人的后人们。"

之后这件事还是传开了，人们认为弗雷迪斯除了恶毒，没有什么可以说了。现在先把这件事搁在一边，让我们从克尔塞夫尼备好船只，再次出航说起。那是一次成功的航行，他一帆风顺地到达了挪威。他在那儿待了一个冬天，卖掉了他带去的货物，而他和他的妻子也备受当地德高望重之人的赏识。

第二年春，克尔塞夫尼整装待发准备起航前往冰岛，当一切都已准备妥当，船已经停泊在码头上，只待风起便可出航时，来了一个南方人，他是地地道道的撒克逊地区的不来梅（地名，美国及德国都有这样的地名）人。这个南方人想要买克尔塞夫尼那小巧优雅的房子。"但是我并不想卖。"克尔塞夫尼回答道。南方人游说道："我愿意为此付给你半个牛轭大小的黄金。"克尔塞夫尼被打动了，认为是笔好买卖，于是便不再讨价还价。南方人带着那小巧优雅房子的所有权欣然离去了，而克尔塞夫尼并不知道建造那栋房子所用的木材是什么，事实上那是来自温兰德的摩苏尔（一种极其珍贵的木材）。

克尔塞夫尼起航了，开着他的船来到了冰岛北部的斯噶夫斯。他的船停泊在那里度过了冬天，春季时他买下了格莱毕尔的土地然后从此便定居在那里，成了备受尊崇的人物，他在那儿度过了他的余生。他和他的妻子古德里德在那里繁衍了众多的子嗣。在克尔塞夫尼去世后，古德里德和他出生在温兰德的儿子史诺里接管起农场，等到史诺里成婚后，古德里德远走他乡，去南方进行朝圣之旅。结束朝圣之旅后她又回到他儿子史诺里的家中，史诺里下令在格莱毕尔兴建了教堂。

之后古德里德戴上面纱成为修行隐士并在那里度过了余生。后来史诺里有了儿子，起名叫斯奥格尔，而他正是恩格韦德的父亲，恩格韦德则是后来主教布兰德的母亲。此外，克尔塞夫尼的儿子史诺里还有一个女儿，名叫豪尔弗里德，她是鲁诺夫的母亲，而鲁诺夫则是主教斯奥莱克的父亲。毕昂是克尔塞夫尼与古德里德所生的另一个儿子，他是斯奥恩的父亲，斯奥恩后来又称为主教之母。许许多多的子嗣从克尔塞夫尼这开枝散叶，而他也有幸拥有了许多名声斐然的后代，所有克尔塞夫尼的后代都对他们的航海做了精准的记录。

2. 哥伦布在给路易斯·桑特·安吉尔的信中报告了他的新发现（1493）

【这封信是哥伦布返回航程快结束的时候，写给亚拉贡的财务主管路易斯·桑特·安吉尔的，他为哥伦布实现探险远征提供了巨大的帮助。这封关于他发现新大陆的书信明显是想要让费迪南德和伊莎贝拉（王室成员）过目的。现在译文的文本内容源自美国历史书籍，由哈特和钱宁两位教授编制而成。】

尊敬的阁下：

我知道您一定会乐意倾听在我的这次航行中，上帝赐予我的伟大胜利。我写信给您，由此您可以知道我如何在 33 天的时间里，带领着最为显赫的国王和王后殿下赐予我的舰队，漂洋过海，到达印度（今巴哈马群岛，哥伦布误以为是印度）。在那里，我发现了许多岛屿，岛屿上面人口众多，我以西班牙国王和王后的名义，宣布拥有那些地方，并挂起了皇家旗帜，而且没有遇到任何抵抗。

我还为我发现的第一个岛屿取名为圣·萨尔瓦多（今沃尔亭岛），以此纪念救世主，他奇迹般地一路上为我们消灾解难，当地的印度人（实际是印第安人）称那个岛为瓜那哈尼。我又为第二个岛起名为圣·玛利亚·康塞普西翁岛（今拉姆海湾），为第三个岛起名为费迪南德岛（今长岛），为第四个岛起名为伊莎贝拉岛（即克鲁克德岛），为第五个岛起名为胡安那岛（今古巴），就这样我给它们挨个命了名。

当我到达胡安那岛后，顺着海岸线向西航行，发现它是那么的辽阔，这让我以为肯定是卡塞（中国）的一个省。沿海没有城市和大的村庄，只有一小片房子，由于那些居住者们见到我们的时候全都立刻逃走了，我未能与他们进行交谈，心想我不至于碰不到大的城镇。然而运气不佳，在航行了很多里格之后（一里格为三英里，约合4.8公里）我依然一无所获。

海岸线把我引向北方，而这正是我力求避免的，因为冬天已经悄然而至，我想还是朝南为好，更何况风向也是利于向南航行的。我决定不在那儿滞留了，即刻回到我先前注意到的一个大的港湾，我还派了两个人上岸以确定那里是否有王国或是大的城市。他俩找了三天，其间发现了无数的小村落和居民，但见不到有统治者的迹象，最终无功而返。

我们从抓获的印度人口中得知，这肯定是一座岛屿。我顺着海岸线向东航行了107里格，到达了它的尽头。从那个海角望去，我发现了东边距离该岛18里格远的另一座岛屿，我为它取名为埃斯帕略拉岛。

我到了那座岛，顺着它的北部海岸往东（就如我在胡安那岛的海岸上做的一样）航行了足有178里格。这个岛和其他岛一样，物产富饶，与其他岛屿相比甚至有过之而无不及。岛上沿海地区有许多港口，在我们基督教所传播的地方，没有一个可以与之相比。

众多的河流清澈宽广，美丽无比，岛上地势高耸，高山广布，卡他弗里利岛也难与之相提并论，这里千姿百态，景观壮丽，那些高山也容易攀登，山上长满了成千上万种树木，树木高耸入云，好似直冲云霄，美不胜收。

有人告诉我这些树从不枯萎，对此我深信不疑，因为我发现这些树如同西班牙五月天里的那些树一样郁郁葱葱。这里的花儿们，有的正盛开着，争奇斗艳，有的已是硕果累累，剩下的还在蓬勃地生长中，含苞欲放。虽然已是十一月的深秋季节，当我漫步在树丛中，依然时而能听到夜莺和其他鸟儿在啼鸣歌唱。在这里棕榈树也有六至八种之多，种类如此丰富，当真是妙不可言，其他的树，果子和植物也是如此。

岛上还有许多极美的松树林和美不胜收的平原，有蜜蜂也有种类繁多的鸟类和果实，而在内地则有着许许多多的金属矿藏和无数的土著人，埃斯帕略拉岛简直是人间仙境啊。它的高山峻岭和平原田野如此富饶肥沃，适宜饲养各类牛群，可以建造城市和村庄，如果不是亲眼所见，真难以相信沿海有那么多优良的港口，甚至可以淘出金子的河流。

岛上的树、果子、植物都与胡安那岛截然不同，岛上有许多香料，大金矿和其他种类的矿藏。这里的土著人没有钢铁，也没有武器，他们也不准备使用武器，虽然他们长得很健硕，但他们却表现得出人意料的怯懦。他们唯一的武器是矛，那是在播种时制成的，顶端上装上了尖头的木制物，但他们连这种东西都不敢使用。通常我派了两三个人上岸，到一些村子里去和他们接触，他们出来了数不清的人，但是一看到我的人走近，他们就四散而逃，哪怕我保证他们不会受到任何伤害。

无论我走到哪，只要和他们说上话了，我就给他们我所带着的一切东西，如布料和其他一些东西而不接受任何的回报。他们生性胆小，但这也是真的，一旦他们放下心来，消除掉恐惧，他们是很坦率、慷慨的。

如果不是亲眼所见你也不会相信这一点，当你向他们索取任何他们所拥有的东西时，他们从不拒绝，他们甚至自己提出与人们共享，处处显示出热爱和坦诚，似乎要把自己的心掏给对方，而且，不管你给他们的东西有无价值，他们都会感到满足。

我禁止属下给他们没有价值的东西，例如一片碎陶片、玻璃碎片和皮带头，尽管如此，他们得到这些东西后，如同得到了世界上最珍贵的珠宝一般。有个水手用一条皮带换到了一块重达2.5卡斯蒂拉纳的金子（西班牙重量单位，约合五盎司，即165克），还有人用更没用的东西换得了更多的金子，为了换取小面值的新铜币，他们愿意拿出所有的东西来交换，无论是两三卡斯蒂拉纳重的金子或一二阿罗巴（西班牙重量单位，约合25.36磅）的精纺棉。他们甚至要断裂的酒桶箍，像傻子一样拿出他们所有的东西来交换。我认为这样做不妥而加以禁止。

我拿出上千件我带来的吸引人的物品来博取他们的好感后诱导他们成为基督教徒，爱戴国王和王后陛下，为整个卡斯蒂王国效力，并帮助我们得到我们确实需要而他们又大量拥有的东西。他们不信宗教，也不是偶像崇拜者，但所有人都相信真善美都存在于天堂，他们坚信我和我的船员以及我们的船都来自天堂。由于这种信念，在克服了恐惧之后，我们所到之处他们都会热情地接待我们。

然而，他们并不是无知之人，实际上他们都是心灵手巧之人，而且都是些精通在海上航行之人，并且能准确地描述所有的东西，只是他们从没见过像我们这样的船和这样穿衣服的人。

我刚到印度群岛时，在第一座岛上，我强行逮捕了一些土著人，从他们那我们可以得到一些消息，告诉我们哪里有哪些东西。很快，借助手势和只言片语我们理解了对方的意思。之后他们依然跟随着我们并且坚信我们来自天堂。

无论我走到哪里，消息都不胫而走，人们从一户跑到另一户再到邻近的村庄，大声高喊着："快来，快来，快来看从天堂来的人啊！"这样一来，所有的人都来了，男人、女人、大人和小孩。他们一对我们放心之后就带了一些吃的、喝的，非常善意地来让我们享用。

所有岛上的人都有许多像我们的划艇一样的大大小小的独木舟，大多数都比 18 个座位的驳船大。因为都是用整块的木料做的，这些独木舟都不怎么宽，但是我们的划艇却追不上它们，它们的速度快得让人难以置信。靠着这些独木舟，他们在无数的岛屿间进行贸易往来。我看到过有些可乘坐七八十号人的独木舟，每个人都有个桨。

在所有的岛屿上我看不出人们的面貌、举止和语言有什么大的不同，但他们之间还能相互沟通，这个情况是值得在意的。我期望我们伟大的陛下能促使他们皈依我们神圣的信仰，对此他们是很合适的。

我已经说过，我如何沿着胡安那岛的海岸由西向东直线航行了 107 里格，经过那次航行，我断定这个岛比英格兰和苏格兰加在一起还要大。因为在这 107 里格以西还有两个省份我没有去过，其中一个叫"亚温"，那里是长着尾巴的人类的领地。我可以从熟悉所有岛屿情况的土著那得知，这两个省份的长度不会小于五六十里格。而另一个岛就是埃斯帕略拉岛，它的海岸线的周长比从西班牙沿海的科利尔到比斯开的富恩特拉比亚的整个海岸线都长，因为沿着它由西向东我一直航行了188里格。这是一个令人向往的国度，来了就不想放弃。

虽然我为我们伟大的陛下占据了所有这些让人难以置信的富庶的岛屿，授权他们管理这些岛，如同统治卡斯蒂尔王国一样。但在埃斯帕略拉岛，我还特别购买了一座大城，它的位置极佳，位于最适合开采金矿的地方，又是便于让这边的大陆和那边的大汗王国进行贸易的地方，毋庸置疑，那里未来会有大量的贸易往来和巨额的利润。我占据了那巨大的城市并取名为纳维达（地名，位于今智利境内）。我加固了城防，建起了要塞，现在想必已经完工了吧。我留下了足够的武器和武装人员还有足够一年的粮饷，还留下了一个大三角帆船和一名能娴熟制造其他船只的工匠。我和那个国家的统治者建起友谊，他自豪地称我为兄弟，并以兄长之礼待我。退一步说，其实他改变了对我们的态度——与我们敌对，他们也不知道如何使用武器。

正如我所说的那样，他们全身赤裸，是世界上最胆小的人。因此，可以说，我留下的人足以消灭所有的敌人，只要他们自己行为检点，那个岛对他们而言毫无危险可言。在所有那些岛上，除了国王和其他统治者可以拥有多达20个老婆外，其他男人似乎都满足于只有一个妻子。女人比男人劳动得更多。我还未能发现他们有没有什么私有财产，看起来似乎是一个人的东西所有人都可以使用，尤其是食物更是如此。

到目前为止，我在这些岛上并没有发现如同许多人猜想的那种怪物。恰恰相反，整个种族举止非常温和，虽然他们的头发又直又粗糙，但他们并不像几内亚人那么黑，因为他们生在光照并不太强烈的地方。不过，那地方纬度有26°，阳光还是颇为强烈的。在岛上的山上，今年冬天非常寒冷，然而他们习惯了，靠着吃一种非常辛辣的肉，他们能够忍受严寒。

至于那些怪物，我并没发现他们的踪迹，只是在去印度群岛途中的第二个岛——卡雷斯岛上的时候，那里有一个种族，这些岛上的人认为他们是异常凶恶的，他们连人肉都吃。他们有许多的独木舟，来往于印度群岛所有的岛屿之间，掳掠去任何他们能够拿走的东西。除了他们的头发长得像女人一样，他们的模样并没有什么异样。他们使用芦苇秆与尖木箭头做成的弓和箭，因为他们没有铁。和其他胆小的人相比他们算得上穷凶极恶了，但是这些我只是道听途说罢了。

他们用东西从马丁尼诺岛换来妇女做妻子，马丁尼诺岛是从西班牙到印度群岛的第一个岛屿，那里没有男人，全是女子。妇女从事那些非女性的工作，她们使用之前讲到的芦苇秆、木箭头做成弓和箭，用铜片披在自己身上，因为岛上出产许多的铜。他们明确告诉我有个比埃斯帕略拉更大的岛，那个岛上的人都是没有头发的，但那里有数不清的金子，我从不同的岛上带回了一些印度人，他们会证实这些事。

最后强调一下，以上我叙述的是我在这次快速完成的航行中所发生的事情。国王和王后将明白，他们只要给我些许的支持，我就能给予他们所渴望的大量黄金，数量惊人的香料、棉花还有他们想要的乳香、树脂（至今只在希腊的吉欧斯岛上有，那里的政府漫天要价），还有芦荟和大量的奴隶。我想我也发现了大黄和肉桂，而且我留在那里的人可以发现更多其他有价值的东西。只要风向利于航行，除了在纳维达城之外，在那儿为我留下的人的安全做了一些预防和布置，我就不耽误时间了，并且说真的，我的船如果听使唤的话，我原本能完成更多的任务的。

　　我想写这么多是足够了，要感谢上帝，他使所有照他意愿行事的人做成了似乎是不可能做的事。这次的发现是非常卓著的一件事，虽然一些人也许谈论过和写过关于这些国家的事，但是一切都是臆测，都是从传闻中推断的，因为没有人能说他亲眼看到了这些事。但是，我们的救世主把这些胜利赐予我们显著的国王、王后及其王国，他们因为有如此重要的成就而名扬四海。为这些发现，在基督教世界，人们应该举行盛大庆祝，虔诚地感谢上帝，让我们有可能使更多人皈依我们神圣的宗教，以及给西班牙和基督教世界带来精神上和物质上的利益而祝贺吧。这个简洁的报告完全是依照事实，在加纳利岛外，船中草书而成的。

1493 年 2 月 15 日

海军上将　顿首（信尾的谦恭用语）

附　件

　　再启：这封信写完后我就到达了卡斯蒂海面，那时刮起了强劲的南风和西南风，使我不得不减轻船的载重，而今天转达里斯本港，我认为这是世界上最奇妙的事，我想从那里写信给国王和王后。在所有的印度群岛上，我发现气候都像我们这五月里的天气一样，我到达印度用了 33 天，回来时用了 28 天。除去这场风暴，使我在这片海域耽误了 14 天。所有的水手都说他们从未碰到过这样严寒的冬天，失去过这么多的船只。

　　这是哥伦布发现印度群岛后写给财政大臣的信，这封信附在另一封给国君的信件上。

3. 关于亚美利哥·韦斯普奇首次航行的报告（1497）

【亚美利哥·韦斯普奇 1452 年生于佛罗伦萨，1512 年卒于塞维尔。他受雇于曾为哥伦布第二次航行出资的商会。他经历了四次航行，以下的信件中记录了他的第一次航行，他在信中声称自己发现了"新世界"。他似乎比卡波特早几周，比哥伦布早差不多 14 个月就到达了那片大陆。对此，现代调查研究中的一些疑点长久以来一直影响了他的声望，所以德泽米勒在 1507 年提议以他的名字为这片大陆命名并不是没有道理的。如今的译文是从"M. K."所著的《意大利人韦斯普奇》（夸里奇版，1885 年完成于伦敦）翻译而成的（原著于 1505—1506 年在佛罗伦萨出版）。】

亚美利哥·韦斯普奇致佛罗伦萨共和国 地方长官皮埃尔·苏德里尼的信

尊敬的大人：

在诸如谦逊的尊敬和直接的赞美之类的词语之后，即使高贵、睿智的您也可能会为我接下来的鲁莽行为而感到惊讶，我鼓励自己给您写了这么冗长的、看似十分荒谬的一封信给大人您。

我知道高贵的您屡次任职于最高委员，处理事关这庄严雄伟的共和国政府的事宜。还请您原谅我的冒昧，体谅我写这封信的心情，况且这些可能根本不与您的身份相称，也不是一种娱乐，更何况我写得粗野随性，不符合礼貌用语的任何一条标准。但是不仅由于您的宽宏大量我才有自信您会谅解我，更因为我所要写的事情是前人或当代之人都不曾知道的事实，高贵的您之后想必会理解我，这一切使得我变得无所畏惧。

现在这个送信人的请求是打动我写这封信给您的主要原因，他名叫本沃奴拖·本沃奴提，是咱们佛罗伦萨人的同胞，对此证据确凿，经证实他是您忠实的仆从，也是我非常要好的朋友。他恰好在里斯本（葡萄牙城市名），他请求我与大人您取得联系，凭着我在发现新大陆中所经历的四次航海，讲述我在世界不同地域的所见之景。这四次航海中有两次是受卡斯蒂尔国王丹·弗兰多六世之命，向西横跨连接大洋与近海的海湾。而另外两次则是受雄才大略的葡萄牙国王唐曼努埃尔所托一路向南。他告诉我大人您会很乐意听我讲述这些，而在此他也希望能为您效劳，于是我便写了这封信。

也因为我确信大人您肯定不会把我当成外人看待，想起我们年轻的时候，您便待我为好友，而现在我成了您忠诚的仆人。想起那时我们去学习语法原理，它们往往包含在那些好的例子里，一起聆听受人敬仰的修道士圣·马克·吉奥·安东尼奥·韦斯普奇的谆谆教诲。我对天发誓，他的建议和教导我真的听从了，就像彼特拉克（意大利诗人）说的那样我应该成为比现在的我更好的人。然而无论我是否会悲伤，我都会这样做，因为我曾从那些有意义的事中得到了快乐。

虽然我的那些琐碎之事或许与您的德行并不相配，但我还是会把这些告诉您，就像普林尼（罗马学者）对米西奈斯说的那样，您曾经一度习惯于从我的毫无意义的故事中得到快乐，而现在虽然您一直为公共事业操劳着，您也该花些时间来放松一下，用点时间在这些没有价值的或者逗人发笑的事情上，就像茴香通常搭配在顶级的美味食材中来促进食客消化食物一样，对您来说或许也是如此，从您繁忙的公务中解脱出来，读读我写的这封信，它或许能带走些许您对公共事业长久以来的焦虑和沉重的思考。

如果我写得冗长乏味，我渴望您能原谅我，我高贵的主人。高贵的您想必是知道我进入西班牙领土范围内的动机，我是为了来进行商品交易的。我思考这事已经四年有余了，在这四年里我亲眼见到并深刻理解了命运的变化无常，深深懂得了命运是如何操纵那稍纵即逝的利益，以及它如何让一个人一夜成名、飞黄腾达，又如何在下一刻就让他身败名裂，剥夺那些本不属于他的财富。结果，我懂得了只有不断地辛勤劳作才能不断地超越他们，从而让自己经历和承受如此多的风险与焦虑。

我毅然决然地放弃了贸易，而后调整目标，去做一些更加稳定的、值得称赞的事。从此我做好了准备去世界的其他地方看看，欣赏那里的奇观。而就在那时机会来临，当真是天助我也，天时地利人和皆备，卡斯蒂尔国王丹·弗兰多即将派遣四艘船向西发现新大陆，尊贵的国王宣召我去协助完成这次发现任务，我们于 1497 年 5 月 10 日从卡迪斯港起航，顺着航线穿过连接大洋与近海的海湾。

在那里我们航行了 18 个月（预计），发现了众多大片的陆地和数不清的岛屿，它们其中的大部分都有人居住。然而之前的作家并未在作品中提及它们，我相信，这是因为他们根本不知道那儿，因为如果我没记错的话，在我曾读过的那些作者的一本书中，作者认为这连接着大洋和近海的海湾里是没有人的海域，这个观点是我们的诗人但丁在《地狱》的第二十六章中写到的。在诗中他虚构了尤利西斯（希腊神话中的人物）之死，而我在航行中看到的那些让人叹为观止的事物，想必大人您一定能够理解吧。

正如我之前所说的，我们四艘船结伴离开卡迪斯港口，径直航向名为大加纳利岛的幸运之岛，它坐落在连接大洋和近海的海湾中，那里是有人居住的岛屿，靠近西边的尽头，位于第三气候带上，在那里抬头往上看，北极在当地水平线①之上 27.5°仰角的位置，那里距离里斯本有 280 里格（长度单位，1 里格约合 3 英里），而且夹在麦竺堤与利比西奥（西南风）② 两风带中间。我们在那里停留了 8 天，备足了淡水、食物等其他的必备物资。

在这里，我们祈祷之后能有好运，之后我们加重了锚的重

---

① 那里位于北纬 27.5°。

② 南－南－西，值得注意的是，韦斯普奇总是用"风"这个词来预示风吹向的方向，而不是起风的地方。

量，驶入风带中，开始了我们的偏西南15°①的西行之旅。这一走便是几十天，到了第37天的傍晚，我们到达了一片我们认为是大陆的陆地，这片陆地位于加纳利群岛以西超过1000里格处，岛上有人居住②，属于热带气候区。我们之所以知道它位于热带是因为我们发现北极位于这里水平线仰角16°向西的位置③，通过我们仪器的测算，和加纳利岛差了75°。我们在距那里1.5里格的地方抛锚停船，换乘小船，搭载着船员和武器驶向了陆地。

在上岸之前，我们看到一大群人在沿着海岸前行，这使得我们欢呼雀跃。我们还发现他们全身赤裸，惊恐万分地面对着我们。我相信这是因为他们注意到我们穿着衣服而且相貌和他们截然不同。他们全都退缩到小山丘后面，无论我们如何向他们示意以示我们的和平和友善，他们都不敢来与我们交谈。以至于夜幕降临，由于我们的船停在危险的海域，位于崎岖不平、无遮无拦的海岸边上，我们决定第二日便离开这里去寻找我们可以安然停靠的海湾或者海口。我们乘着西北风航行④，沿着海岸线而行，这片陆地一直都在我们的视线之内，我们又不断地在沿岸看到了人群。

直到航行了两天后，我们才发现了一处对于船只而言足够安全的地方，随即抛锚停船在距离陆地1.5里格的地方，在陆地上我们又看到了一大群人。而在同一天我们40个衣着得体的船员换乘小船登上了陆地，与上次一样，陆地上的人们依然不敢与我

---

① 西偏南15°。
② 这句话只不过是重复"来自于加纳利群岛"，那些岛屿早已被标明为人居岛屿的西部末端。
③ 那里位于北纬16°。
④ 西北方向。

们交谈，对于鼓励他们来与我们进行交流我们着实是无能为力。这一天，我们努力地把我们的货物送给他们，诸如拨浪鼓、镜子、珠子项链、齿条之类的小东西。这样一来，他们中的一些人终于有了勇气来和我们进行交流。当夜幕降临时，我们已经与这些原住民建立起了友谊。夜深了，我们离开他们，返回船上休息，然而第二天天刚蒙蒙亮，我们就在海滩上看到了人山人海。他们拖家带口，带着妻儿和他们站在一起。我们走上岸来发现他们全都带着他们这里的特产，那些特产都是在特定的地点才会有的那一类。

在我们上岸之前，距离岸边大约有一箭之隔远近时，他们中就有很多人跳进海里游过来迎接我们。他们都非常善于游泳，他们如此信任我们就好像我们相识已久那样，而我们对于他们如此的信任也是备感欣慰。因为之后我们尽可能地了解到他们生活中的风俗习惯，他们赤身裸体，男人女人都是如此。

他们大都中等身材，比例匀称，皮肤和狮子的鬃毛颜色很像，偏近红色，我相信如果他们穿上衣服，他们会像咱们一样白。他们身上没有毛发，只是头发又长又黑，尤其是那些被认为是美女的女子更是如此。他们的面容并不好看，因为他们的脸很宽，以至于看上去像鞑靼（位于今西撒哈拉地区）人。除了头上的头发之外，他们不让眉毛上有毛发，也不让眼皮上有，还有其他任何地方都不能有，因为他们把毛发视作肮脏的东西。无论男女走路和跑步的时候脚步都很轻，以至于女人跑一两里格远都毫无顾虑，我这么说是因为我曾多次看到他们这么做。

对此他们与我们基督徒相比而言有巨大的优势，他们游泳快得超乎我的想象，而且女人比男人游得更快，我这么说也是因为我不止一次看到他们游出一两里格远而毫不停歇。他们的武器是做工精良的弓和箭，但是箭尖并非用铁或是其他坚硬的金属制作而成，相反他们用动物或者鱼类的牙齿，又或是坚硬木料上的尖刺通过火烤硬化之后来做箭尖。毫无疑问他们都是神射手，他们可以射中任何他们瞄准的目标，在一些地方，女人也会用那些弓箭。

事实上，女人们使用其他的武器，例如火烤硬化之后的矛，或者雕刻得很精致的一些球形石块。他们久经阵仗，残暴地攻击那些不会说他们语言的人，心狠手辣，不留活口，就算暂时不杀掉也是为了更残酷地折磨俘虏。当他们上战场的时候，他们都带着他们的女人与他们一起，不只是带着那些要参加战斗的，而是因为女人们带着他们所有的财物待在他们身后三十或五十里格的地方，没有男人能在这种情况下忍受失败，而我也曾多次看到他们这样做。

他们不习惯有任何的领袖，也不整齐列队一起去做事，因为他们每个人就是自己的主人。而他们发生冲突的理由既不是因为对领地的渴望，也不是为了扩张他们的领土，对此他们并不过分贪婪。他们冲突的理由却是因为一些古老的仇恨，这些仇恨在他们中代代相传，逐渐增长。当问及他们为何要发生战争时，他们除了为死者、先烈或者是父母复仇之外并不知道其他什么理由了。

他们那些人既没有国王或者主人，也不会顺从屈服于任何人，他们享有他们自己的自由。只有当敌人杀害或者逮捕了他们其中一员的时候，他们才会被激怒而发动战争。这时，死者亲属中最年长的人会站出来，在路边进行宣讲，号召其他人跟随他去为被杀害的亲属复仇，因此我们根据他们对同伴的感受来判断他们是否被激怒。他们并没有司法系统，也不会去惩罚犯了错误的人，甚至父亲或者母亲也不会去严惩他们的孩子，然而真正让人匪夷所思的是，我们很少甚至从没看到过他们之间发生争执。

在交谈中他们表现得很单纯，而当所谈之事关乎他们自身时，他们表现得很精明、很敏锐，他们说话很少，音调很低，除了表示不同物品的名称外，他们的发音方式与我们几乎相同，要么用上颚，要么用牙齿或者嘴唇来发出声音①。他们有许许多多不同的口音，每隔100里格我们就能发现语言的变化。以至于他们自己都不能相互理解对方说的话。生活中他们的礼节是野蛮原始的，他们不在饭点开饭而是随性而为②，他们半夜里吃的比白天还多，因为他们一直在吃，这对他们并没有什么好处。而且他们就在地上吃饭没有桌布或者其他铺垫的东西。他们要么用自制的陶土盆来装肉，要么放在半个南瓜里。

他们睡在棉制的大网里，悬挂在半空中，虽然他们这样的睡眠习俗看上去并不舒服，我却认为睡在网里很甜美，因为我们铺了床单睡得比他们舒服。他们身体干净顺滑，因为正如他们所做的那样，那么频繁地清洁着自身。在他们中我既没有发现他们有任何的法律，他们也不能算作摩尔人（英格兰人姓氏）或者犹太人，更不是异教徒。因为他们并没有任何的祭祀，哪怕连祈祷的教堂也没有，为此我将他们的生活方式定义为享乐主义。

他们的住处倒是普普通通，造成小屋的风格，但是却很坚固，使用巨大的树木建造的，又覆上棕榈树的叶子，可以抵挡暴风雨的侵袭。而有些地方他们造得又宽又长，我们可以发现一间房子里竟然住着600人，我们还看到一个仅有13所房子的村庄

---

① 他的意思是欧洲人对于他们这种语言的发声器官没有不了解的，不外乎是上颚音或者是唇齿音。

② "随性而为"是作者的创意。

居住着 1000 人。每八到十年他们会迁居一次，当问及他们为什么这样做时，他们回答这是因为时间一长这污秽的土地已经变得不利于健康，土壤腐坏了，会导致他们身体疼痛，这看上去似乎是个好理由。

颜色各异的羽毛或者来自于鱼骨的珠子，又或者是他们挂在脸上、嘴唇和耳朵上的或白或绿的石头，这些在我们看来毫无价值的东西却是他们的财富。他们没有贸易，既不进行购买也没有销售，总而言之，他们生存下来且对自然所赐予他们的东西感到满意。

那些我们在欧洲还有其他地方视作珍宝的东西，例如金银、珠宝等物，他们却不屑一顾，即使在他们的土地上有这些东西，他们也不会辛苦地劳作去获得它们，更不会视作珍宝。在给予上他们是自由的、慷慨的，因为他们几乎不会拒绝你的任何要求；另外，索取也同样自由，如果他们视你为朋友的话。当他们去世，他们有多种不同的葬礼习俗，他们中有些会把水和食物放在他们的头顶上，认为死者可以在那儿享用，他们却没有火葬抑或是哀悼仪式。

在一些地方，他们举行看似野蛮且不近人情的葬礼，当族人饱受病痛折磨或者垂垂老矣，正在生死迷离之际的时候，他的亲人会把他送进大森林里，在那里他们在两棵树中间系上一个他们用来睡觉的网，然后将他安放在网里，在他周围跳一整天的舞，夜幕降临，他们把水和食物放在长枕上，留下他独自一人，其他人返回村子。如果病人能够自理吃喝，活下来回到村子，他们会为他举办仪式，然而只有很少数人能活着回来，直到去世也不会有人再去看他们，这就成了他们的坟墓。他们还有许多其他的葬礼习俗，由于过于繁杂，就不在此赘述了。

　　他们用多种形式的药物来医治疾病①，这些方式与我们的迥然不同，令人惊异的是这些病人是如何痊愈的。有许多次，我看到一名男子发烧了，当他病情加重时，他们就用大量的凉水从头到脚地冲刷他，为他沐浴，然后在他周围点起一大团火焰，让他每两小时如此往复循环一次，直到他们对他厌烦，让他睡着了才算结束，还有许多人利用其他方式痊愈了，他们通过节食，保持三天不吃不喝然后放血，但不是从胳膊而只是从大腿和腿肚子上放血来治疗疾病。同时他们还在嘴里喂草药来让患者呕吐，以此来治疗。此外他们还有很多其他的治疗方法，在此就不多说了。由于他们主要吃的食物是草本植物的根、水果还有鱼类，他们的血液和身上分泌黏液的成分也和我们差别很大。

　　他们没有小麦或者其他谷物的种子，为了他们日常的饮食，他们用一种树的根，以此来磨出面粉，他们称这种树木为乌卡，此外还有其他他们称之为卡扎比和依格纳弥的植物可以用来食用。

　　除了人肉之外他们很少吃肉，想必大人您应该清楚他们是异常残忍的，他们如此的惨无人道，超越了人类的极限甚至比野兽还要残忍，因为他们吃掉所有他们杀掉或者抓住的敌人，无论男女都是那么的凶残，而这仅仅是其中一件令人恐怖的事情罢了，我们还多次目睹了太多太多这样的事，在许许多多的地方，不经意间我们就看到了。听到我们说我们不吃掉我们的敌人时他们感到非常吃惊，这一点大人您请务必相信，他们其他野蛮的习俗如此之多，以至于对于现实来说我的表述是那么苍白无力。

　　而在这四次航海中我看到许多与我们截然不同的风俗习惯，

---

　　① 那是"药物疗法"。

我准备写一本名为《乐夸脱吉奥奈特》的拙劣之作，在其中我会用更大的篇幅事无巨细、极尽所能地记述我所见到的事。这本书我还尚未出版，因为我对于我所写的并不满意以至于我自己都不乐意去品读，尽管如此，有很多人鼓励我把它出版了，在其中详细描述了我的所闻所见，因此在这封信里我不会记述更多关于这方面的事了，因为在这封信里我们还有许多其他特别的事要说，就让这些事去满足众人吧。

刚开始的时候，我们在这片土地上除了看到了一些金子外没看到其他什么有利可图的东西，我相信这是由于我们语言不通的关系，但是就具体情况和条件而言，没有比这里更好的地方了。然后我们离开了这片土地，继续沿着海岸线向前航行，在此期间我们偶尔会停船靠岸来与一大群土著进行交谈。

一天傍晚时分，我们来到了一处港湾，在那里我们经历了一场巨大的危机，真得感谢圣灵庇佑我们，才得以逃过一劫。当我们到达那个港湾时，我们发现这里的村庄如同水城威尼斯般建造在水上，在极其粗大的木桩上建造了 44 座居住的小屋，他们以吊桥作为出入口或者门，借助架设在房屋之间的吊桥，都能从每一所房子穿过所有的吊桥。

当那里的人们看到我们的时候，他们表现出的是对我们的恐惧，立即拉起了所有的吊桥，当我们看到他们这奇怪的举动时，我们看到 22 只独木舟跨海而来，独木舟是他们船只的一种，用单一的一棵树木制作而成，这 22 只独木舟驶向我们的船只，而他们对于我们的外貌和着装感到惊讶，与我们保持着距离，我们打出信号给他们示意他们应该接近我们，并鼓励他们会受到我们的友善对待，但他们并不靠近我们。因此我们走向他们，但他们并没有等待我们接近，而是返回了陆地，同时通过信号告诉我们稍作等待，他们很快回来，他们去了小山丘的背面。

没过多久，他们带着他们的 16 名女子，乘着独木舟一起返回了我们这边。他们在我们每艘船上放了 4 名女子，大人您可以想象我们对于这个行为是多么的震惊，之后他们划着独木舟停在我们的船中间开始对我们讲话，就此而言我们将它视为一种友好的标志，在这过程中，我们看到房子里的人向前一步跨海而来游向了我们的船只。在游向我们船只的过程中他们没有表现出一丝恐惧。

就在这时，年迈的妇女从屋里走到门口，发出很大的哭喊声，并用力撕扯自己的头发以示悲伤，对此我们感到很疑惑，便把我们的武器都靠近了一些，突然，那些他们送到我们船上的女子都跳入了水中，那些男子也都与我们拉开了距离，开始用他们的弓箭射向我们，而那些游向我们的人每个人都手持长矛，尽可能地隐藏在水面之下，情况突变，面对这种突如其来的威胁，我们仅仅做到自我防卫是不够的，而要展开大力进攻，我们用我们的船撞翻了他们许多的铁榴石或独木舟，为此他们告诉他们其他同伴，我们对他们进行了屠杀，他们纷纷跳入海中丢下独木舟四散而逃。

他们遭受了相当大的损失后，逃到了海岸上。为此他们死了 15 到 20 人，还有很多人负伤，而我们这边仅有 5 人受伤，多亏上帝的恩泽，并无人员死亡。我们抓住了两男两女，继续向着他们的住所前进，然后破门而入，在屋里我们除了两个年迈的妇人和一个生病的男子之外一无所获，我们带走了他们很多东西，但都没有什么价值。我们没有烧掉他们的房子，因为这么做的话我们的良心会过不去的，最终我们带着 5 名俘虏回到了我们的船上，我们登上船，除了那两个女孩外我们用铁链铐住每个俘虏的双脚，当夜幕降临时，那两个女孩和一个男子竟然意想不到地逃走了。

第二天，我们决定放弃这个港湾继续我们的航行，继续向前。我们沿着海岸线继续前进，直到距离前一个部落大约 80 里格远的地方，我们看到了另一个部落，发现他们在语言和风俗上与之前的部落有很大的区别。我们果断地抛锚停船，换乘小船上岸，我们在海滩上看到了一大群人，大概有 4000 人之多，当我们到达岸边的时候，他们不敢与我们待在一起，快速地穿过森林撤离，丢下了他们带着的物品，待到我们上岸，我们顺着路走向森林，在大约有一箭之遥那么远的地方发现了他们的帐篷，在那里他们点起了巨大的火堆，有两个人正在那里烹饪食物，烧烤几种动物和各色鱼类。在那里我们看到他们在烧烤一种看上去像是毒蛇的动物，这种动物没有翅膀，它被捆绑着，外表令人极其厌恶，我们对于这些人的野蛮行为感到非常震惊。

就这样，我们穿过他们的房子，或许应该说是帐篷，发现有许多活着的那种毒蛇，这些类似毒蛇的生物双脚被绑着，而且在嘴巴上还勒着绳子，以至于它们不能张开嘴，类似于欧洲对獒犬的做法那样，以防它们可能咬人。它们看上去那么残暴，我们中没有一个人敢去碰它们，大家都认为它是有毒的。它们如同幼儿般大小，有 1.5 义欧（旧时量步用的长度单位）长，它们的脚又长又厚重，拥有巨大的爪子。此外它们的皮肤坚硬且颜色各异，它们有着毒蛇样的嘴和面部，从它们的鼻子沿着背部中间，直到尾巴尖上长着像锯齿状的鸡冠①。总之，我们把它们看作是蛇而且是毒蛇，而那些人竟然在吃它们。

---

① 那种动物是中南美洲特有的一种蜥蜴。

我们发现他们用从海里捕来的鱼做面包，首先将鱼煮熟，然后捣碎它们，制成肉酱或者面包，而且他们还用余火来烘烤它们，如此一来他们就可以吃了。我们尝了尝，发现味道还不错，他们还有许多其他的食物尤其是水果和根，如果详细叙述的话这必然是一个大话题，有许多可以说的。

看到那些土著并未返回，我们决定既不触碰也不拿走他们的任何东西，以此来更好地让他们安心，之后我们在他们的帐篷里留下了许多我们的东西，把这些东西放置在他们可以看到的地方，然后返回了我们的船上。

第二天，天刚蒙蒙亮我们就看到海滩上有许多人，我们赶紧上岸，尽管面对我们他们还是表现得很胆怯，但是他们鼓起勇气，来与我们进行交谈，对于我们所要求的无论什么全都答应，对我们十分友善。他们告诉我们那些是他们的住所，他们来这里是为了打鱼，他们恳请我们去他们的住所和庄子做客，因为对我们他们渴望以朋友之礼待之。他们之所以对我们如此友善还因为我们所抓获的两名俘虏，这两人是他们的敌人，基于他们的强烈要求，我们商议之后决定由我们其中的 28 个基督教徒组成一队人与他们同行，去他们的村庄看看，而且如果必要的话，我们已经做好了必死的决心。

我们在这待了几天后，便与他们一道走进了这片土地。从海岸往里走了三里格我们来到了一个有很多人但住宅稀疏的村庄，大概不超过九所住所而已，在那里他们为我们举办了许多从未有人记述过的原始野蛮的仪式，他们跳舞、唱歌，哀悼中夹杂着欢庆，还有数不胜数的食物，我们在此过了一夜……在此待了一夜外加上一个半天之后，不可计数的一大群人来到这里看我们，他们中最为年长者恳切地邀请我们与他们一起到其他更深处的村落里做客，他们给了我们最为尊贵的头衔，对我们格外尊敬，为此我们决定和他们同去看个究竟。他们对我们的尊崇和尊敬实在是溢于言表，我们去了数个村落，行程长达九天，以至于我们留守在船上的基督教徒们对于我们已经是忧心忡忡了。

当我们在陆地内已经行进了18里格的时候，我们毅然决定是时候返回我们的船了，而在我们的归程途中，一群人有男有女，他们一道送我们一直到达海边，如果我们中任何人感到疲惫，他们都会用他们的网抬着我们走，而在过那些湍急宽阔的河流时，他们用熟练的方式，安安全全地带着我们过了河，无论如何不让我们有一点点的危险，而且他们中很多人都满载着送给我们的东西，例如众多的毛皮，许多的弓和箭，数不清的颜色各异的鹦鹉，还有一些人带着他们日常的物品，例如家禽之类的，这些都装在他们用来睡觉的网中带了过来。但是我要告诉你的是另一件更让我们惊讶的事，当我们不得不蹚过河水的时候，他们为自己能够背着我们过河而感到荣幸。

当我们到达海边的时候，我们的船已经来了，我们登上了船。他们因为从来没有见过这样的船只，也都努力跟上来看看我们的船，对此我们感到非常惊讶。我们尽可能多地把他们接上我们的船，而就在我们上船的过程中，又有更多其他人游过来想要上船看看。我们看到这么多人在船上却感到很尴尬，因为这里有上千人全身赤裸，而且没有佩带武器。他们对我们船上的齿轮和装置还有船的大小都感到很惊奇。

与他们在一起的时候还发生了一件很有趣的事，我们决定展示几种我们强大的枪械，当我们开火的时候，他们大多数人惊恐地跳进了海里，无异于青蛙在池塘边缘时，一旦受到惊吓，它们就跳进水里，这些人们也是这样。而那些还在船里的人也是非常害怕，而我们也为我们的行为感到后悔，不过在我们告诉他们我们用那些武器来杀死我们的敌人之后又使他们放心了。

他们在船上玩闹、惊喜了一整天之后，我们让他们离开了，因为我们打算在当夜离开。在友谊与爱之中我们道了别，他们返回了陆地。从这些人和他们生活的这片土地上，我了解了，见识到他们的风俗习惯和生活方式，对此我不想再多说了，因为大人您一定知道在我的每次航海中我都会记下最为精彩的事件，我会根据不同地区差异，按照顺序把它们全都记录在我的书里，然后我给此书命名为《乐夸脱吉奥奈特》，在这本书里详细记录了这些事情，但是这本书还未出版，因为我还有必要对它进行修改。

这是一片人口稠密的大陆，有许许多多的居住者在这片土地上，这里有众多的河流，动物，除了狮子、豹子、牡鹿（鹿的一种）、猪、山羊还有鹿之外，很少有与我们的动物相似的，它们甚至在外形上都不同。他们既没有马也没有骡子，恕我冒昧，他们甚至没有驴或者狗，也没有任何一种绵羊或者公牛。然而他们有数不清的其他动物，全都是野生的，但是并没有一种动物能够为他们服务，所以这些不能算作数。我们还要说说其他的，例如鸟类。这里鸟类数量庞大，种类丰富，羽毛颜色也是多种多样，能看到这些鸟儿真是让人感到惊喜。

这里的土壤肥沃，多产，长满了巨大的树木，森林广布，而且树木常青，叶子从不凋落。这里盛产水果，数量繁多且都与我们的截然不同。这片土地是在热带范围内，临近或者刚好在北回归线以南，在这里水平线与极点成仰角 23°，位于第二气候的端点位置[①]。有许多的部落闻讯后来看我们，对我们的外表和白色

---

① 那里位于北纬 23°。

的肤色感到惊奇，他们问我们是从何而来的，我们回答是从天堂而来，来看看这个世界，而他们居然相信了。

我们在这里建起了洗礼池，不可计数的人们接受了洗礼，而他们按照自己的语言称呼我们为卡罗比，意思是博学多知的智者。我们从一个名为拉里伯的地方港口出发，沿着海岸航行，总是能够看到陆地，一直向西北方向前进了870里格，其间我们数次停船下来与许多当地人进行交流，而在一些地方我们也通过以物换物得到了一些金子，但是并不是很多，因为在此次发现大陆的航行中我们得知了他们拥有金子，已经做得够多了。

我们已经连续航行了13个月，船只和设备已经很大程度上受损，人员也都筋疲力尽，通过共同商议，我们决定靠岸检修船体和设备。这是为了加固船体裂缝，因为它们漏了很多水，我们重新填上裂缝，防止漏水，然后返航驶向西班牙。当我们做出这个决定的时候，我们正好临近世界上最好的海港，我们便把船开进了海港，在那里我们发现人来人往，人数众多。当地人非常友善地接待了我们，在我们登陆后，我们在海岸上用我们的船、琵琶桶还有装酒的酒桶构筑起了堡垒①，又用我们的火炮控制了每个要点。我们的船也没有卸货，依旧是灯火通明，我们把所有需要维修护理的设备拉到岸上进行修理，而众多当地的土著们给了我们巨大的帮助。

他们源源不断地为我们供给食物，可是在这个港口当时我们只消耗很少的一部分，而这正好符合我们的计划，因为我们自己为这次返程储存的给养并不多，甚至有点太少了，种类也不多。在这里我们待了足足37天，这期间多次进入到当地人的村庄里，

———————————————

① 堡垒或者是路障。

在那里他们给予了我们最崇高的敬意，而现在我们打算离开了。

他们向我们抱怨每年到特定的几个时间，他们的敌人会从海外来到这里，他们是非常凶残的，通过阴谋或者武力杀戮了他们中的很多人，还会吃掉他们。其中的俘虏们他们会带回到自己的家中或所在的村子以及他们是如何想方设法保护自己不受那些人的杀戮。他们示意我们，这伙人居住在距离此地 100 里格远的岛上，鉴于他们如此可怜兮兮地告诉我们这些，我们相信了他们，并向他们保证为了如此残忍之事，我们一定会替他们报仇，这使得他们欣喜若狂。

他们中很多人愿意与我们一起去复仇，但是出于多种原因我并不希望带他们的人，最后我们带了他们中的 7 个人，并且商定事后他们要乘坐他们自己的独木舟回到他们的家里，因为我不想担上再把他们送回这里的责任，对此他们表示欣然接受。于是，我们道了别，离开了这些对我们很友善的人。在修好船后，我们即刻启程，我们在东和东北方向之间航行了七天后，在第七天黄昏时分我们到达了那些岛屿，那里有很多岛屿，一些有人居住，另外一些则是一片荒凉。我们抛锚停靠在一个能看到很多人的岛屿旁边，那里他们称之为伊提。

我们一群身形健硕的水手，每人都配备着火炮和弹药乘着小船驶向了岸边。我们在陆地上看到了大约 400 人聚在一起，其中有很多女人，他们全都如同之前我所见的人一样全身赤裸。他们身材结实，看上去都是些久经阵仗之人，每个人都装备着他们的武器，有弓、箭，还有长矛，而他们中的大部分人都有木质的方形靶心，那些东西设计如此精妙，一点都不会影响他们把弓箭从里面拿出来。当我们的船行驶到大约到达弓箭的射程之内时，为了防止我们跳上岸，他们全都跳进水里然后拉弓射向我们，他们这些人都在身上涂绘着各种颜色，用羽毛作为装饰，随我们同来的人向我解释说，当那些人涂绘着颜色、装饰着羽毛，这预示着他们想要战斗。

他们想方设法地阻止我们登陆，迫于无奈，我们动用了我们的武器。当他们听到火炮的声音，看到他们的同伴倒地而亡时，他们全都撤回了陆地上。为此我们商量了一下，然后决定派出42人上岸，如果那些土著人在那围堵我们，就与他们一战，就这样我们带着我们的武器登上了这片土地。那些土著向我们扑过来，我们进行了大约一个小时的激战，因为相对于他们我们只有很小的优势，除了我们的战弩手和枪手杀了他们一些人外，他们也伤到了我们的人，这是因为他们并不是停留在一处，而是选择不同地点进攻我们，以至于我们的长矛和刀剑有时根本发挥不了作用。

最后我们打出了劲头，越战越勇，与对手们展开了白刃战，当他们尝到我们武器的厉害之后，他们撤进了深山老林之中，只留下我们这些征服者还有死者的尸体及一大群受了伤的战士。那天在追击他们的时候再没有其他的流血事件发生了，因为我们实在是太疲惫了，所以不得不返回到船上，与我们一起来的7个人情不自禁地欢呼雀跃，欢庆起来。

第二天，我们看到很多人穿过陆地而来，硝烟弥漫，预示着战争一触即发，号角和其他他们在战争中所用器具发出的声音不停地响起，他们所有人都用各种颜色涂绘在身上，戴着各种羽毛，所以看上去非常奇怪。面对这种情况，我们把所有船只集中到一起商量了一下对策，由于这些人对我们怀有敌意，我们决心要与他们进行会面并通过所有的办法试图与他们成为朋友，但是万一他们不能成为我们的朋友，那么他们毫无疑问会成为我们的敌人，我们所俘获的众多俘虏会变成我们的奴隶。

在我们做好全副武装后，就驶向了海岸，他们在那里找不到躲避我们炮火的地方，等到我相信他们已对我们的火炮产生畏惧之后，便登上了海岸，我们 57 人组成了四支队伍，每支队伍都包括一名船长及其随从人员。我们与他们激战在一起，经过长时间的激战后他们死伤无数，我们追赶着他们一直到了他们的村落，抓获了 250 名俘虏后我们放火烧了他们的村庄，然后带着 250 名战俘以胜者之姿回到了船上。

这场战斗中他们死伤惨重而我们仅仅只有 1 人死亡 22 人受伤，而且伤者都已在康复中，真得感谢上帝啊。我们安排那 7 个人离去，他们中有 5 个人受了伤。他们乘着岛上的独木舟带着我们给他们的四男三女 7 个俘虏还有满心的喜悦和对我们力量的惊奇返回了他们的家乡。在此之后，我们立即带着俘获的奴隶启程返回西班牙，于 1498 年 10 月 15 日到达了西班牙的卡迪斯港，在那里我们受到了隆重的欢迎并卖掉了我们的俘虏。以上就是发生在我身上，值得记录的，我的首次航行。

4. 约翰·卡伯特发现北美
（1497）

【约翰·卡伯特又名乔尼亚·卡伯特，他是土生土长的热那亚人，是威尼斯的居民。由于1496年发现新大陆的航行他获得了由英王亨利七世颁发的英皇制诰。在1497年的夏季，他穿越大西洋发现了北美大陆，大概是在拉布拉多海岸。这项成就源自于英国对北美洲的渴望与索求。以下三个文件包含着所有来自于与他同一时代人们的证据，文件中他们的信息可能源自于约翰·卡伯特本人，而接下来的文章源自哈克卢特社会版的《哥伦布日志》。】

劳伦兹·帕斯夸利哥
写给他兄弟阿尔维斯和弗兰西斯科的信①

我们的威尼斯人从英国西部的布里斯托尔乘小船出发去寻找

---

① 威尼斯国家日历，i. p.（页码）262，No. 752。

新岛屿已经回来了。据他所说，他在700里格之外发现了格兰卡姆国的大陆，而且他沿着海岸又行驶了300里格，然后上了岸，在那里他没有发现任何人。但是他却把参与到这场游戏的诱惑带回了这里，带给了国王，因为他发现了用来织网的针还有带有缺口的树木，借此他断定那里是有人居住的，带着满心的疑惑他回到了船上。他已经航行了三个月了，确实是时候返航了，在返航途中他又在右边看到了两个岛屿，为了不耽误时间，他并未登陆，因为他急需给养。

回来后，国王为他这次的发现感到极大欣喜，卡伯特解释说他所到之处海水相对平稳，没有意外发生。国王承诺下一次就如卡伯特所愿，派遣10艘全副武装的舰船给他，而且还满足他的请求，把除了那些罪大恶极背叛国家的囚犯之外的其余囚犯都给他，与他同往。此外直到下次出航为止，奖励给他大量金钱让他享乐。此时，他与他的威尼斯妻子还有儿子们一同生活在布里斯托尔。他的名字叫作约翰·卡伯特，他被尊称为伟大的海军将领，备受赞誉，受人敬仰，满身穿戴都是绫罗绸缎。很多英国人已经准备好同他交往，当地很多地痞无赖也乐于同他交往。发现者们在地上布置了一个巨大的十字架，上面附有英国国旗。这些发现者中有位叫圣马克的人，因为他是威尼斯人，所以我相信我们的旗帜一定会飘扬在远方。

1497 年 8 月 23 日，伦敦

米兰公爵①第一次提拔雷蒙·帝·商奇诺（节选）

几个月后我们尊贵的陛下派遣了一名威尼斯人踏上了发现新岛屿的航行，这名威尼斯人是著名的水手，在发现岛屿方面他可谓是极有经验。果不其然，他顺利地回来了，还发现了两座巨大而且土壤肥沃的岛屿，这两座岛屿看上去有 7 座城市那么大，位于英格兰以西 400 里格的地方。这些成就让我们尊贵的陛下立即喜上眉梢，派了 15 或者 20 艘船给这个威尼斯人。

1497 年 8 月 24 日

米兰公爵②第二次提拔雷蒙·帝·商奇诺

1497 年 12 月 18 日

我最圣明，最卓尔不凡的主人啊：

或许对于功勋卓著的您而言，获悉这位君王如何兵不血刃地获得了亚洲的一部分土地并不受追捧。在这个王国里有这么一位叫约翰·卡伯特的威尼斯人，他温文尔雅，在航海方面很是专业。当他看到最为沉着冷静的葡萄牙和西班牙国王占据了一些未知的岛屿后，他亦想为刚才所提到的这位君王获得类似的成就。在获得了皇室特权以确保对他可能发现的土地享有支配权，而这些土地的所有权归于王室之后，他将他的命运赌在了一艘只有 18

---

① 威尼斯国家日历，i. p.（页码）260，No. 750。
② 阿奴里奥·三帝飞科·米兰，后经哈里斯修改为阿兹夫德·艾德特·米兰。

名船员的小船上，然后从这个王国西部的港口布里斯托尔起航了。

经过更西端的伊比利亚，他调整航向向北而行，开始了航向东部地区之旅，在这七天的时间里，北极星位于他的右侧，他四处游荡了很久，终于到达了一片陆地。在那里他升起皇室的旗帜，为他的君主占领了那片土地。在得到了各种各样能证明他发现的明证后，他返航而归。前面提到的约翰·卡伯特，作为一个并不富裕的外国人，如果船上的船员不能证实他所言非虚的话，他的话是没有几人相信的，因为船员几乎都是布里斯托尔的英国人。这个约翰·卡伯特把自己关于世界的描述都绘制在一张海图上，还有一个他所制作的地球仪，并在上面标示出他所去过的地方。在这次向东航行中，他远行经过了塔内斯。他们说那片土地棒极了，至于那里的天气如何呢？那里气候温和，料想定有黄铁矿和银矿在那里。

同时，通过观察，他们断定那里鱼类丰富，不仅可以用网捕鱼，甚至可以在篮子里放上石头，让篮子沉进水中，用篮子来捕鱼。这些都是我从约翰·卡伯特那里亲耳听到的。

据约翰·卡伯特的那些英国同伴所言，他们得到如此多的鱼以至于王国都不再需要冰岛了。此前这个王国与冰岛之间一直保持着大量库存鱼或冷冻鱼的贸易。而约翰·卡伯特把他的心思放在更高的事情上，他在想等到占领了那里之后，他将继续向东出发，到达对面那座被称为潘戈（为马可·波罗及中世纪地理学家所用，指的是今天的日本）的岛屿。那里地处赤道地区，他相信在那里可以找到世界上所有的香料还有珠宝。他进一步说道，他曾经去过麦加，来自远方国度的商队把香料带到那里，当他打听香料的出处和产地时，那些人回答说他们也不知道，但是这些商品是其他商队从远方的国度带到他们的家乡的，而且他们还说这些香料是那些商队从其他遥远的地域带来的。

约翰·卡伯特经过论证得出这样的观点，就是，如果东方人告诉那些南方人，那些东西来自于距离他们很远的地方。那么假设地球是圆的，也就是说最后的源头就在北部以西的位置上，也就是说，按照这种方式前进的航线不会比我们现在的更远，而我本人也相信他的论证。而且，这位君王很有智慧并非挥霍无度之人，因为约翰·卡伯特以往的成就，他才对他如此的信任，为他提供了丰富的财物用以日常花销，这些都是约翰·卡伯特亲自告诉我的。

据悉，不久之后，他的君主会派遣几艘带有武装的船只给他，还会赐予他所有的囚犯，让他们前往海外那些新发现的土地进行殖民，为此他们希望在伦敦建立起比亚历山大还要巨大的香料仓库。

这项计划的主要参与者都是布里斯托尔人。他们都是出色的水手，如今他们知道他们将前往何方，他们称在离开伊比利亚后不超过15天他们就会占领那里。我也曾与约翰·卡伯特的一名勃艮第人（法国）伙伴聊起过，他承认了所有的这些事，他还希望能顺利归来，因为海军将领（被授予此军衔）约翰·卡伯特已经赐予了他一座岛屿，此外还赐予了另一座岛给他的理发师——热那亚人加斯蒂尼，此二人都将自己视为伯爵一般；他们也把我的海军将领主人看成是王子一般对其毕恭毕敬。

我同样相信有些穷苦的意大利天主教会的修士们会参与这次航海，他们全都被承诺会获得主教之位。那么如果我在他即将出发前与这位海军将领结交，我至少也能得到大主教之位，但是我认为从我圣明的主人您这里得到封赏会更为稳妥。我冒险请求，万一在我离开的时候有空缺出现，我可以得到这个职位，我不会被那些现在看上去比我更勤奋的人所取代，我在这个国家里可以每顿饭减少到 10 到 12 种餐品，可以每天服务 3 个小时以上。所以，我在这里向我极为爱戴的主人毛遂自荐。

1497 年 12 月 18 日，伦敦
您最卑微的仆从
雷蒙达斯

5. 弗吉尼亚第一宪章
（1606）

【本宪章是由英国国王詹姆士一世于 1606 年 4 月 10 日为美国最早的殖民地所批准通过的。这是一份典型的由英国政府颁布的文件，文件赋予"冒险家"在新世界建立殖民地的权力。"弗吉尼亚"这一名称适用于所有由大不列颠所占领的北美部分。】

1. 承蒙上帝庇佑，詹姆士一世成为英格兰、苏格兰、法兰西及爱尔兰王国的国王，作为信仰的守护者，他是一位受人爱戴、人人敬仰之人。托马斯·盖茨、乔治·苏摩两位爵士，理查德·哈克鲁特、罗利·吉伯特、艾斯克斯·威廉姆·帕克、乔治·波帕姆等绅士都是我们所爱戴的人，他们谦虚地追随我们，为此我们将赐予他们我们的特许证，允许居住和殖民，建立起由我们各式各样在美洲的人民组成的殖民地，一般而言我们称之为"弗吉尼亚"。至于美洲的其他地区和领土，要么是依附于我们的，要么就是现在还未被任何信奉基督教的贵族或者人民所实际控制的地区。我们所控制的是整个海岸线，从昼夜平分线算起北纬34°到北纬45°之间，还有内陆同样是北纬34°到北纬45°之间及与那里相毗邻的岛屿或者距离海岸100英里以内的岛屿。

2. 为了快速达成他们所说的在那里殖民和居住的目的，我们想要把他们分成两个殖民地和公司。其中一个公司由来自伦敦及那些有时可能会加入到他们之中地区的特定的骑士、绅士和商人，以及其他的冒险家组成。他们真诚地希望在那些地理位置适宜、交通便利的地方开始殖民，这个位置指的是弗吉尼亚海岸以及上述美洲海岸沿线位于北纬34°到北纬41°间。而另一个公司由来自布里斯托尔、艾克赛特、普利茅斯以及其他加入殖民地地区的众多骑士、绅士、商人，还有其他的冒险家组成。他们也真诚地希望在上述弗吉尼亚和美洲海岸之间，例如利斯海岸，位于北纬38°到北纬45°之间适宜居住、交通便利的地方开始进行殖民。

3. 对于他们促成如此高贵的工作的渴望，我们倍加推崇，也乐意接受。这个工作或许是全知全能的神的旨意，从此之后侍候他神圣的君王，将基督教传播给那些现在还生活在黑暗与困苦中，对于真理和膜拜神还愚昧无知的人们，及时将还生活在那些灾祸中的异教徒和野蛮人带到人类的礼节中来，并进而建立起长治久安的政府。我们之所以这么做，完全是按照信函中的专利条款而进行的，我们欣然接受并同意他们那些谦逊和善意的愿望。

4. 我们之所以这么做是为了我们，为了我们的子孙后代，为了我们的继承者，我们认为上文提到的托马斯·盖茨爵士、乔治·苏摩爵士、理查德·哈克鲁特、爱德华·玛利亚·温菲尔德，还有来自我们伦敦以及所有其他地区的人已经加入或者即将加入殖民地，而这个可以称之为冒险家们的第一殖民地。而且，他们可以在前面提到的弗吉尼亚或者美洲沿岸，即介于北纬 34°与北纬 41°之间的地点任意选择环境适宜、交通便利之处开始他们的殖民与居住生活。他们可以从之前提到的他们开始殖民和居住的地点算起，按照英国尺寸计算 50 英里以内，沿着提到的弗吉尼亚与美洲海岸以西和西南方向，就像利思海岸这样距离海岸 100 英里以内的所有岛屿上获得任何东西，无论什么，只要是这里有的东西，例如：土地、木材、土壤、港口、河流、矿产、沼泽、水源、鱼类、商品，还有可以继承的财产之类。他们还可以从前面提到的他们开始殖民和居住的地点算起，按照英国尺寸计算 50 英里内，沿着提到的弗吉尼亚与美洲海岸以东或者东北，或者朝向北方，类似于利思海岸这样距离海岸 100 英里内的所有岛屿上获得任何东西，无论什么，只要是这里有的东西，例如：土地、木材、土壤、港口、河流、矿产、沼泽、水源、鱼类、商品，还有可以继承的财产之类。从海岸计算，方圆 50 英里，一直到径直深入内地 100 英里的范围内获得土地、木材、土壤、港口、河流、矿产、沼泽、水源、鱼类、商品，还有可以继承的财产之类都归他们所有。他们可能将会定居在那里。根据他们的自由决定权以及殖民地委员会的自由决定权，他们可以在周围地区构建防御工事，以更好地保护和防御外敌。除此之外我们不允许或者批准任何人在没有特许证或者殖民地委员会批准的情况下，在朝向内陆的后方居住或者殖民，这一点在那里首次以文字形式确定下来。

5. 为了我们自己，为了我们的子孙后代，为了我们的继承者，我们同样会这么做。本条约授权并同意前面提到的托马斯·哈纳姆、罗利·吉伯特、威廉姆·帕克、乔治·波帕姆，还有其他所有属于德文郡、普利茅斯镇，或者其他已经加入或者即将加入殖民地的地区，统称为第二殖民地。他们可以在前面提到的弗吉尼亚或者美洲沿岸介于北纬 38°与北纬 45°之间的任何地方，任意选择环境适宜、交通便利之处开始他们的殖民与居住生活。他们可以从前面提到的他们开始殖民和居住的地点算起，按照英国尺寸计算 50 英里内，沿着提到的弗吉尼亚与美洲海岸以西、西南或以南方向，如同利思海岸这样距离海岸 100 英里以内的所有岛屿上获得任何东西，无论什么，只要是这里有的东西，例如：土地、木材、土壤、港口、河流、矿产、沼泽、水源、鱼类、商品，还有可以继承的财产之类。他们还可以从前面提到的他们开始殖民和居住的地点算起，按照英国尺寸计算 50 英里内，沿着提到的弗吉尼亚与美洲海岸以东或者东北，或者朝北方向，如同利思海岸这样距离海岸 100 英里以内的所有岛屿上获得任何东西，无论什么，只要是这里有的东西，例如：土地、木材、土壤、港口、河流、矿产、沼泽、水源、鱼类、商品，还有可以继承的财产之类。从海岸计算，方圆 50 英里以内，一直到径直深入内地 100 英里的范围内获得土地、木材、土壤、港口、河流、矿产、沼泽、水源、鱼类、商品，还有可以继承的财产之类都归他们所有。他们可能将会定居在那里。根据他们的自由决定权以及殖民地委员会的自由决定权，他们可以在周围地区构建防御工事，以更好地保护和防御外敌。除此之外我们不允许或者批准任何人在没有特许证或者殖民地委员会批准的情况下，在朝向内陆的后方居住或者殖民，这一点在那里首次以文字形式确定下来。

6. 如果长此以往，我们志在于此且感到满意的话，上述殖民地的殖民与居住权最终将像前面提到的那样实行下去，殖民范围与其他地区之间相隔不会小于 100 英里，会如之前提到的那样，第一个开始他们的殖民大业。

7. 我们也会宣布命令，为了我们，为了我们的子孙后代，为了我们的继承者，同意在每个殖民地建立起委员会，此委员会将管理所有在此殖民地中可能出现的事务，解决所有可能会滋长的问题。委员会将依照法律条例和规章制度行事。这些法律条令和规章制度代表着整个委员会的意见，只有我们亲手签字批准，加盖英国玉玺后才通过实施。每个委员会将由 13 人组成，人员的任职，调度将会一直参照统一的规章制度执行。同时要有一个专有的印章，用来批准经过各个相关委员会讨论通过的事情，这些印章上一面刻着国王的纹章，另一面刻上其肖像。而被称为第一个殖民地的弗吉尼亚委员会的印章将在一面上环形刻着以下文字：大不列颠，法兰西，爱尔兰国王（英文原文：Sigillum Regis Magnae Britanniae. Franciae, Hiberniae），而在另一面刻上：弗吉尼亚殖民地第一委员会（英文原文：Pro Concilio primae Coloniae Virginiae）。而被称为第二个殖民地的委员会的印章上将在一面上环形刻着上述的文字：大不列颠，法兰西，爱尔兰国王……而在另一面则刻着：弗吉尼亚殖民地第二委员会。

8. 同时我们将在英国也成立一个委员会，这个委员会同样由 13 名成员组成。为了达成目的，这个委员会的成员将由我们，由我们的子孙后代，由我们的继承者来任命，这个委员会我们将之称为"弗吉尼亚委员会"。在面对那些危害政府统治的问题时，这个委员会将始终拥有最高管理权和控制权，同时这一点对上述几个殖民地，还有其他一部分位于之前提到的北纬 34°到北纬 45°之间的地区同样适用。为了处理关乎殖民地委员会的事务，这个委员会也有其印章，此印章正如之前提到的那样，一面是君王的纹章，一面是其头像，在一面上环形刻有"大不列颠，法兰西，爱尔兰国王"的字样，另一面则是弗吉尼亚委员会。

9. 此外为了我们，为了我们的子孙后代，为了我们的继承者，我们批准同意上述殖民地的各个委员会有权颁布及实施命令，有权在上述的几个殖民地内的任何地点还有这些殖民地后方广大的内陆开采矿产，挖掘包括黄金、银、铜在内的各种矿石；各个殖民地及种植园有权享有金、银、铜等。这一点在本质上来讲始终是合法的，而且不受我们，我们的子孙后嗣，我们的继承者的干扰。无论以何种方式，盈利与否，账目如何，各委员会应将开采所得金银的1 /5，铜的1 /15上交给我们，我们的子孙后代，我们的继承者们，以此类推。

10. 他们可以合法地铸造钱币，以此作为几个殖民地人民之间的流通货币，可以使得他们间以及他们与当地土著间的贸易更为简洁。在这种金属货币和这样的贸易形式下，上述殖民地委员会有权限制和约束各种不规范的行为。

11. 我们这么做同样是为了我们，为了我们的子孙后代，为了我们的继承者，根据本条约，我们将给予充分的权利与权威给之前提到的托马斯·盖茨爵士、乔治·苏摩爵士、理查德·哈克鲁特、爱德华·玛利亚·温菲尔德、托马斯·哈纳姆、罗利·吉伯特、威廉姆·帕克、乔治·波帕姆，给予他们每个人，还要给上述的几个公司种植园及殖民地。他们每个人从此以后每时每刻都有权利率领船队航向上述的种植园及殖民地，可以航行并定居在每个上文提到过的种植园及殖民地。我们如此众多的民众都将乐意与他们相伴，或者当他们中任何人在进行这段航程或者在殖民地时，我们一直都会提供充足的船只、装备、武器、仪式、粮食还有其他在那里所必要的东西，还为他们在那里提供安全保护。这样一来，从此以后上述人中再也没有人会被我们，被我们的后嗣，被我们的继承者所格外管制了。

12. 此外，根据本条约，我们现在为我们自己，为我们的后嗣，为我们的继承者所做的就是批准和授予许可证给上文提到的托马斯·盖茨爵士、乔治·苏摩爵士、理查德·哈克鲁特、爱德华·玛利亚·温菲尔德、托马斯·哈纳姆、罗利·吉伯特、威廉姆·帕克、乔治·波帕姆，还有上述的每个殖民地。这样一来，从此以后，他们中每个人都能时时刻刻防御、抗击、驱逐、抵制、反击来自水路和陆路的各种侵略行为，无论通过任何方式方法去反击那些不具备上述殖民地及种植园许可证的个人或群体。他们可以居住在上述那些殖民地及种植园区域范围内，在以后的任何时间，他们都应该尽力保护上述殖民地及种植园不受破坏、伤害及干扰。

13. 由当局政府允许，托马斯·盖茨爵士、乔治·苏摩爵士、理查德·哈克鲁特、爱德华·玛利亚·温菲尔德及其他第一殖民地成员；允许托马斯·哈纳姆、罗利·吉伯特、威廉姆·帕克、乔治·波帕姆及其他第二殖民地成员，允许他们中任何一人从此以后都有权将他们的贸易船只，货物或其他交通工具驶入上述几个殖民地管辖范围内的河湾，河流中。倘若他们要驶入日后才能归顺于我们的殖民地，将在他们交易范围内依据他们所交易的物品价值向财务部门缴纳百分之五的税金。在未来 21 年内，如果有不属于我们管辖范围内的外地人要驶入此地则需要支付在上述地区内进行交易货物百分之五的税金。等到 21 年之后，此条约将继续在官员的批准下由我们的继承人和子孙后代执行下去。

14. 为了我们自己，为了我们的继承人和子孙后代，当局将进一步授予托马斯·盖茨爵士、乔治·苏摩爵士、理查德·哈克鲁特、爱德华·玛利亚·温菲尔德及其他上述第一殖民地成员；

授予托马斯·哈姆、罗利·吉伯特、威廉姆·帕克、乔治·波帕姆及其他第二殖民地成员，授予他们每个人权力，允许他们在未来七年内通过他们的代表、牧师和代理人从英格兰、爱尔兰等我们的领土内运出他们所需要的物资、奴隶、盔甲、军火和设备。为了更好地救济上述几个殖民地，他们对我们没有任何的供奉或其他职责。我们的继承者和子孙后代以后也会继续遵守这一条约。

15．为了我们自己，为了我们的继承人，为了我们的子孙后代，当局将宣布，所有居住在我们几个殖民地内的居民，其出生在殖民地内的孩子将如同那些出生在英国或其他我们领土内的孩子一样享有我们领土内所有的自由、公民权和豁免权。

16．此外为了我们自己，为了我们的继承者，为了我们的子孙后代，当局将宣布，如果上述殖民地或其他我们领土内的居民与其他的当地住民进行贸易，那么他将有权运输任何我们领土内的商品到上述殖民地内进行贩卖，但是如果他在没有我们许可的情况下，装载了我们领土内的商品运送去其他国家进行贩卖，为了保护第一拥有者的利益，此后我们，我们的继承者，子孙后代都将不允许这些人再用船只运输货物和奴隶，以此作为惩戒。

17．如果长此以往，我们特此向全体基督教国王、贵族和国家宣告，如果此后有任何上述几个殖民地的公民由于做出违法乱纪之事，与我们、我们的继承人或子孙后代或其他的王公贵族或国家相敌对，造成不良影响而被吊销执照后弃恶从善，回心转意与我们保持良好的关系，则我们将在英格兰的领土范围内针对他所造成的不良影响而做出公开宣告。上述人员将承担其所造成的不良影响，在宣告允许的范围内尽量对此予以赔偿和弥补，这样一来将得到上述王公贵族等人的一致谅解。如果其并未依法对他的错误行为进行补偿，则我们、我们的继承者和子孙后代有权合法地迫使其和不在我们保护范畴内但对其进行教唆的人承担起应负的责任，所有的王公贵族及其他人有权就此对上述包括协助者和教唆者在内的每一名罪犯采取敌对行为。

18. 最后，为了我们自己，为了我们的继承者和子孙后代，当局将允许托马斯·盖茨爵士、乔治·苏摩爵士、理查德·哈克鲁特、爱德华·玛利亚·温菲尔德及其他所有第一殖民地的成员，在我们自己、我们的继承者和子孙后代依照加盖了英国王玺且代表其利益的请愿书，授予那些人及他们的继承者和受让人在议会主要成员同意的情况下，有权继承在殖民地内的所有土地、房屋及可继承遗产。这些都应该包括在上述殖民地的范围内，并在肯特郡东格林尼治的马诺尔，以自由或公租形式而不是强迫的方式归属于我们、我们的继承者和子孙后代。

19. 同样，按照上述方式，为了我们，为了我们的继承者和子孙后代，当局者授予托马斯·哈纳姆、罗利·吉伯特，威廉姆·帕克，乔治·波帕姆及其他第二殖民地成员在我，我们的继承者和子孙后代依照加盖了英国国玺且代表其利益的请愿书，授予那些人及他们的继承者和受让人在议会主要成员同意的情况下，有权继承在殖民地内的所有土地，房屋及可继承遗产。这些都应该包括在上述殖民地的范围内，并在肯特郡东格林尼治的马诺尔，以自由或公租形式而不是强迫的方式归属于我们、我们的继承者和子孙后代。

20. 由上述几个专利证书批准通过的所有土地、房屋及遗产将充分保证由专利权所有人所有，由上述几个殖民地的承担者按照以下几种方式进行分配。要么由上述殖民地的委员会来归置处理，要么由同一土地、房屋、遗产的继承人们分别进行分配。如果在表述中提及每年的真实价值或契约的必然性或其他有我们的先辈即上述的托马斯·盖茨爵士、乔治·苏摩爵士、理查德·哈克鲁特、爱德华·玛利亚·温菲尔德、托马斯·哈纳姆、罗利·吉伯特、威廉姆·帕克、乔治·波帕姆等人在此前授予但现在没有记录的权力、法案、法规等，如果因此而造成任何问题，则请以我们于 4 月 10 日，在我们统治英格兰和法国四年之日，掌管爱尔兰 9 年，苏格兰 13 年之际于威斯敏斯特制定的专利法为依据，进行定夺。

6. 五月花号公约
(1620)

【源自普利茅斯的第二任统治者威廉姆·布拉德福（1590—1657 年）所写的《普利茅斯殖民地历史》一书。】

以上帝的名义，阿门。我等签约之人，都是信仰的捍卫者，蒙上帝保佑的大不列颠、法兰西和爱尔兰的国王詹姆士国王陛下的忠顺臣民。为了上帝的荣耀，为了增进基督教信仰，为了我们国王和国家的荣誉，我们远涉重洋，在弗吉尼亚北部开拓第一块殖民地。我们按照这些条约，在上帝面前一起庄严盟誓签约，自愿结成民众自治团体。为使上述条约得以顺利实施、维护和发展，也为将来能随时依此而制定和颁布有益于殖民地全体民众利益的公正与平等的法律、法规、法案、宪章和公职，我们全体都保证遵守和服从。据此于 1620 年 11 月 11 日，于英格兰、法兰西、爱尔兰十八世国王即苏格兰五十四世国王詹姆士陛下在位之年，我等在卡德角签署了我们的名字。

7. 康涅狄格州的基本秩序
（1639）

【1639 年 1 月 14 日，温莎，哈特福德，韦瑟斯菲尔德三个镇依据盛行的风俗习惯接受了那些"秩序"。依据历史学家的观点，这些"秩序"是依据历史上撰写的第一部成文宪法编制而成，依据该词条的现代意义，这部宪法以对统治者权力的永久限制而在历史上久负盛名，它也是美国第一部体现了民主思想的政府宪法。】

鉴于对于我们现在居住在康涅狄格河，及其临近土地上的温莎，哈特福德，韦瑟斯菲尔德三镇居民的处理与安排，顺应了上帝神圣的天意，使得全能的上帝满意。且我们深知在那里有人将圣言聚集起来要求保持和平和统一，那里的人民理应依照上帝之名建立起一个有秩序、体面的政府，以此来在必要的时机出面解决和处置人们那永不停歇的争执。因此我们默许我们自己成立一个共和国或者联邦，这么做是为了我们自己，也是为了我们的继承者，还有那些此后任何时候都可能与我们相邻，与我们一同加入合作与联盟，保持我们所信奉的耶稣基督所倡导之真理自由与纯洁之人。同样也是为了教会的戒律，这些戒律依照新约中所说的事实而写成，如今在我们心中早已是耳熟能详了，同时也是为了依照那些法律、法规、秩序、律例来引导和管理我们的内部事务，所写的这些法律法规将如下文所述颁布出台。

1. 法律法规明确规定一年将会有两次广泛的集会或者庭会，一次是在四月的第二个星期四，另一次是在九月的第二个星期四。详情如下：第一次集会称之为选举会议，在这次会议上有时会一年一度选出许多被认为是必要的文职官员还有其他公职人员。在那里将有一人被选举成为下一年的州长，任期直到下一任州长选举产生为止，且其他的文职官员没有任期超过一年的。与此同时，在州长之外会选举出六位官员，他们依照当地法律选举产生，并根据为了行使司法权力而记录的誓言宣誓就职，这也是依照圣言在进行选举。选举将由所有被承认的公民决定并且被选举者要宣誓忠诚，此外被选举者要居住在选区的辖区范围内（他必须是由其居住的镇的主要部门所承认的居民），或者是民选市长／镇长能够证明的常住居民。

2. 法律法规明确规定上述文职官员将由以下方式选举产生：每位具有资格出席选举的选举人将提交一张写有他希望当选州长人员名字的选票给那些获得授权进行唱票的人员，得到最多选票的候选人将成为当年的州长。而其余的地方法官或者公职人员将由以下方式选举出来：首先，现任的秘书将宣读所有参与选举的人员名单，然后对候选人分别进行明确的提名，而每位取得个人提名将要被选举的候选人都将填写一张选单，他不能在选单上填写自己的名字，获得更多写有其姓名的选单者将当选为当年的地方官员。这些选单将由一名或者多名即将由议会选出进行宣誓的人员进行收集和唱票，但是如上文提到的在州长外还要选出六名文职人员，万一人数不够，超过所提名的人数，则他或他们中获得最多选票的人将成为下一年的地方官员，以此来补齐之前所说的人数。

3. 法律法规明确规定，秘书将不能提名任何人，且任何新选举出而事先未由州议会 /众议院公布的地方行政官也不能进入下一届选举的提名。为此，依据法律规定，每个上文提到的城镇将由其议员提名两位他们认为合适的人选参与选举。而议会也会全程监督，以保证选举的公平。

4. 法律法规明确规定，在两年内没有人可以多次被选举为州长，州长是一些特定会议中的固定成员，也是在管辖范围内地位较高的地方行政长官。对于联邦中所有的地方自由民而言，地方行政官员或者其他公职人员在其宣誓就职前是不能行使自己相应的权力的，他们的宣誓就职必须在地方法院 /议会的监督下进行，如果因为自身原因不能到场的话，必须寻找代理人员来完成就职宣誓。

5. 法律法规明确规定，上述那些城镇将选送他们的代表去参加议会选举，在选举结束后他们可以像其他议会那样继续做一些公共服务。同时，在九月份的会议中，其他的众议院将会研究制定法律，或在其他公共场合下，共同研究讨论涉及整个联邦利益的大事。

6. 法律法规明确规定，州长本人或者其秘书有权为了召集两个固定议会而传唤每个镇的警察，这些传唤每年可能会有几次，每次至少要提前一个月进行；而且如果州长和地方公职人员中最大的党派注意到任何特殊情况的原因而召集众议院，他们会将命令告知秘书，并给出 14 天的警告期。如果情况十万火急，就会颁布短期的布告，在代表集会时给予他们充分的理由，否则同样让人感到疑惑。在其他联邦议会需要时期，如果州长和身为地方官的镇长忽略或者拒绝召集两个固定的众议院或其中一个，那里的自由民众或者其中镇长所属派别之人，将会请求他们这样去做，如果他们的请求遭到拒绝或者受到忽略，上述的自由民众或镇长一派的人将有权命令相关几个城镇的警察去完成这一任务，而且他们可以进行集会来选出他们自己的主持者，并进而有权采取任何行动，这些行为在其他的众议院亦是如此。

7. 法律法规明确规定，所有上述被授予许可证的众议院，其警察将以公共集会或挨家挨户走访的方式，即刻起明确清晰地向当地居民宣布公告，在其规定的时间地点，当地居民聚集起来进行选举，选出确定的代表去参加众议院，这些代表将对联邦的未来产生深刻影响。所有上述代表都将由相关城镇的所有具有法律身份的居民选举出来并宣誓效忠，任何非本联邦中的自由民无权当选为众议院的代表。

上述代表选举方式如下：每个在场的，而且具有前面提到的各种资格的人将把他们所希望当选者的名字分别写在几张纸上，大概三个或四个名字，或多或少，这取决于当时所要选出的人数。获得最多票数的人将成为议员代表，其名字将书写在许可证的背面交还给议院，而警察也将持有与此相同的许可证。

8. 法律法规明确规定，温莎、哈特福德、韦瑟斯菲尔德每个城镇都将拥有派遣其市民担任每个众议院代表的权力。之后所有归入此管辖权限内的其他城镇将派遣议会要求的众多代表，上述城镇将有合理比例的自由民参与其中，那些代表将会行使整个城镇的权力，将其船只和津贴投入到所有那些关乎公益事业的法律秩序中去，上述几个城镇都在其范围之内。

9. 法律法规明确规定，如此选出的代表具有指定集会时间及地点的权利，此权利的行使可以先于任何众议院对所有关乎公共事务的建议和商议之前。同时也是对他们选举的检查，检查是依据法律秩序，如果他们或者其最大的党派发现任何非法选举之事，他们将从现在的会议上被隔离出去，而且要递呈此事及其原因给议院，一旦被证实，议院将对涉及其中的党派和城镇进行罚款，如果他们了解到原因，就会授权在合法的方式下进行重新选举，选举要么公开，要么在党内进行。同时上述代表将有权对扰乱会议的行为或者未能在预定的时间或地点集会等行为进行处罚，如果对方拒绝支付罚单，他们将会将上述罚款呈报给议院，财务主管将对其征税及采取的罚款行为进行公示。

10. 法律法规明确规定，除了那些由自由民自己组成而不包括州长或最大的地方行政长官外，每个众议院都应包括州长，或者被地方选举出来能够在议会中有话语权的人来调节相关事宜。众议院还应该包括至少4名地方行政长官以及相关城镇根据法律程序推选出来的少数党派代表。如果自由民或者少数党派遭到州长及地方官中多党派的忽视或拒绝，他们有权要求议会调节设置，由出席会议的自由民中的少数党派或其代表推选出一位中间调节人。前面所说的众议院将组成整个联邦的最高权力机关，他们享有制定和废除法律，征收赋税，承认自由民身份，将土地分配和收回给城镇及个人的权利，此外还有权召集议会或者地方官或者其他个人来质疑任何品行不端的行为，或者根据违法行为的性质来裁撤有关人员或选择其他处理方法，同时也有权处理其他任何关乎联邦公共事务的问题，唯独地方行政长官的选举除外，这是由全体自由民决定的。

在议会中州长及调解人有权要求言论自由，有权制止不当言论，有权要求通过投票方式解决一切事务，确保选举公平公正地进行。但是未经议会中少数党派的同意，议会无权调整或解散。

11. 法律法规明确规定，当联邦批准同意在其管辖范围的相关城镇征收税金时，众议院有权监督。将成立一个专门的委员会对于各个城镇所要支付的税金的比例进行确定，前提条件是每个城镇要选出数量相等的人员来组成委员会。

1638 年 1 月 14 日[①]，以上 11 条被选举通过。

州长就职誓词

我，某某，此刻被推选为本辖区的州长，任期一年，直至新一任州长产生为止。我向伟大而令人敬畏的上帝郑重宣誓，将尽其所能，促进公共事务的发展及地区的和平稳定，我会维护本联邦的整个合法权益，捍卫由立法机关已经制定的和即将制定的法律体系。我将遵照上帝的愿望，推进宪法的公平实施，为此愿上帝助我，以耶稣之名。

地方行政官就职誓词

我，某某，此刻被推选为本辖区的地方行政官，任期一年，我向伟大而令人敬畏的上帝郑重宣誓，将尽其所能，提高公共事务的发展及地区的和平稳定，我将根据我对宪法的深刻理解去维护宪法所赋予的基本权利，同时协助执行由立法机关已经制定的和即将制定的法律体系，我将依照上帝的公正之言推进公平正义的实施，为此愿上帝助我。

---

① 1638 年为古文体，1639 年为新文体。

8. 马萨诸塞州自由权项全文 （1641）

【马萨诸塞州自由权项全文是新英格兰所确立的第一部法典，由杰出的清教牧师领袖纳撒尼尔·沃德主持编著。其曾以律师的身份接受过进修，于 1643 年到达新英格兰殖民地，曾在伊普斯威奇当过一段时间牧师。这部《自由权项》于 1641 年 12 月由马萨诸塞州常设法院批准生效。】

新英格兰马萨诸塞殖民地自由权项（1641）

诸如自由、人道主义豁免特权、礼仪礼法、基督教义此类自由之成果皆是由于每个人所处的地位而产生的，没有控诉，也没有侵权，我们将会拥有一个安稳长存、长治久安的联邦及教派。在那里一切剥削压迫都将荡然无存。

基于我们的责任与安全，我们支持将建设一个更为长久的政府，以此来征集和宣告所有现如今我们已然预见到的关乎我们自身，与我们的子孙后代亦息息相关的自由权利，在此我们庄严批准此自由权项生效。

我们在此时此刻心怀虔诚之心，一致同意进行裁决，确认以下惯例、自由、关乎我们教会的权利。国内各州各自公平和善地对此法典在我们的管辖范围内进行永久监督。

1. 人人生而平等，任何人的生命都不能被剥夺，任何人的荣耀、美名都不能被玷污，任何人不得被逮捕、拘禁、驱逐或以任何方式使其妻离子散，任何人的私有财产不得被他人侵吞，也不得以任何方式执行不公正的律法，戴着有色眼镜伤人，公平正义将受到国家法律的保护。国家法律是由常设法院批准通过且充分贯彻落实的法律，以防在特定情况下由于法律缺陷而出现问题，此时将依照上帝之言行事。或者在死刑，或者关系到依照众议院的判决将进行肢解或者驱逐刑罚时，采用此法典。

2. 无论是当地居民还是外来者，只要其身处管辖范围之内，都将接受同样的司法审判，这一惯例在广大殖民地中早已习以为常，我们一个接一个地建立起殖民地，而这个惯例也被所有人所认可，没有丝毫偏袒与延误。

3. 除了那些被众议院批准、要求的条款外，没有人会被迫去进行任何形式的宣誓或者签署任何的条款、协约或者抗议书。

4. 如果有人确实受到现行的法令或者上帝的旨意的限制，他不会因为未出席民间聚会、议会、协商或者未就职于地方行政长官或者公务员等其他空缺的职务而受到惩罚。此法律将在任何民事行为中对所有人的付出与损失一视同仁。

5. 没有人会被迫进行任何公共工作或者公共服务，除非是由众议院的一些法令施加压力并且可以获得合理的薪金的情况下。

6. 没有人会被迫去进行任何工作、职务，或者其他的公共服务。任何自然的或者自身的障碍都可以成为充分的理由去免除这些工作，如随着年纪的增长、岁月的流逝而出现的智力衰退、感觉迟钝、四肢乏力。

7. 在任何由本联邦或者我们的朋友或者联盟自愿发动的侵略战争中，没有人会被迫离开本殖民地。但是只有为了我们自身的利益或者为了我们的同伴和联盟利益进行的防御战中，经议会或众议院批准下我们才能留在境内。

8. 任何私人的家畜或者财物之类等所有的资产都不得用于公共事务或者公共服务，除非由众议院为其担保，还要支付价格合理的费用并以国家正常利息进行租借。如果其家畜或者财物在服务过程中受到损伤，其所有者将受到应有的赔偿。

9. 在我们中间除了对于那些能够给国家带来利润的新发明之外，短期内我们不允许产生垄断。

10. 根据约定，我们所有的土地及个人遗产可以自由转让，不应受到罚款或契约等方面的限制。所有个人财产，如车、船、服装、个人物品等在父母或长辈去世时都可以按照法律规定继承。

11. 凡是年满 21 岁，心智健全之人，即使是因为触犯教规而被逐出教会之人，也拥有权力和自由留下遗嘱及其他关乎其土地与财产的圣约。

12. 无论是当地居民还是外来人，无论是自由人还是非自由人都可以自由参与公共集会、议会、镇集，或者通过语言或信件参与修改合法、应时的重大的问题，或者进行必要的提议、投诉、请愿或提出合理的法案等。如果时机合适，还可以在审议会议上按照要求及各自的方式进行上述行为。

13. 任何人在英格兰或者国外其他地域的任何财产或者收益

在此都不作数，除非将这些财物带到了这里。

14．在众议院批准通过的情况下，任何已婚妇女、未成年人，甚至神志不清之人所进行的对于土地或其他各种财产进行的转让行为，皆为合法行为。

15．一切与土地、房屋，及其他世袭财产有关，具有贪婪或者欺骗性的财产转让都是无效的，任何人受到欺骗而支付债务或者遗产或合法所有权，索赔和财产都将宣布无效。

16．除非该镇的自由人或者众议院另做打算，只要海水退潮到其居住区域内，该区域所有拥有房屋的住户都拥有在任何池塘、海湾、峡谷及河流中进行打鱼和捕猎活动的权利。

17．在本行政区内，每个人都享有自由权。只要符合法律规定，社会机关有权在其同意的情况下，对辖区居民及家人进行合法的约束。

与司法诉讼相关的惯例及规定

18．无论什么情况下，在法律宣布对其的判决之前，当局没有权力将任何人拘禁或者抓捕入狱，在服刑期间，如果表现良好，他可以获得保释，而死刑犯，蔑视法庭或者法庭有明确法案规定者不得进行保释。

19．在众议院中，如果助理人员之间出现失误，且负主要责任的话，则要对其进行警告或者处以 20 先令（英国旧货币单位）以下的罚金，事后还要在其内部进行检讨和审判。如果是代表中出现此类问题也要由其内部进行检讨和审判。但是当法庭众人会聚一堂时，要由整个法院全体进行宣判，不能像之前那样各自进行审判。

20. 任何法院中行使审判之责之人倘若在法庭上有不当之举，则其余出席法官具有谴责其的权力，而如果他的不当之举影响重大，下次最高法院将对其进行指责。

21. 当首张传票未能在开庭前 6 日内生效，且已由被传唤的当事人出具证明对其原因加以说明，则其将有权决定是否出庭。上述情形不适用于处理特殊情况时突发进行的传唤。在处理此类突发状况时，法院助理或工作人员有权将被传唤者的财产作为传唤抵押。

22. 如果有任何人在对他人的诉讼中弄虚作假，伪造大额债务或损失并以此来扰乱被诉讼人，则法院具有权力对其处以适当的罚款，作为惩戒。

23. 任何人不得被判每年偿还超过 800 英镑的债务，其偿还速度不得超过合理标准，且在这以上帝之名而制定的法律下也不得歧视或鼓励向我们的对立方放高利贷。

24. 对于一切伤害到他人的罪责，如果能证明仅仅是由于被害人未履行其职责和义务才导致了此罪责的发生，则此罪责将被视为无罪，一切责任由受害者承担。

25. 如果当事人及理由已被法院正确理解，充分认定，则一切传唤不得对抗判决，开庭中的司法进程不得撤销，对于一切简介问题或错误的驳回亦是如此。

26. 任何人一旦发现其不能为自己做出有效辩护时即可拥有权利雇佣除法庭律师之外的人来帮助他进行辩护，且不必付出任何费用。但是当法庭开庭对其进行盘问时，他仍要自己来回答那些问题。

27. 如果原告向法庭递交关于其诉状则被告亦有权利和时间向法院呈递辩护诉状，之后再进行双方之间下一进程。而这一步骤并不会阻碍法庭进一步进行裁决。

28．原告对法庭提起的所有诉讼其都有权撤诉，或在陪审团进行裁决前撤回，一旦其撤回诉讼则需支付被告的全部费用。事后只要其愿意还可以重新提起诉讼，没有任何影响。

29．除非在法律中正好有其他合适的方式来进行决定，否则在所有的法律活动中，原告和被告双方有权互相商议选择是由法官还是由陪审团进行审问。这种选择自由权刑事诉讼的嫌疑人同样拥有。

30．原告、被告双方，每一个将要由陪审团进行审判的嫌疑人都有自由，有权利去质疑任何一个陪审员，质疑其是否徇私枉法。而一旦由法官或其余的陪审员发现此质疑合理属实，则召集候补陪审员取代其陪审团席位。

31．在面对证据不清晰或者令人模糊而使得陪审团难以做出清晰肯定的裁决时，无论是陪审团的规模大小，其都有自由，有权给出一个明确的特殊裁决。为了做出这个特殊裁决，他们会离开法庭。所有陪审员对案件就事论事，但如果他们着实难以找到好的解决方式做出判决，如果法官和陪审员对此已是焦头烂额无法继续维持自己内心的平静，在这种情况下将移交给常设法庭，由其对问题多方求证，最终做出决定。

32．只有在判决下达、付清罚款之后，当事人才有权追回他被依法没收，扣押的财物。如果他亟须临时归还则要他保证安全且当他的对手在法律上重新对他提起诉讼时可以满足那些要求。

33．如果在现行法律中能找到充分的方法进行赔偿而不是抵押其财产，则当事人不会被拘留或者逮捕入狱，如若不能，当事人将被逮捕入狱，直至缴清所有罚款，除非法院对其动机已经认定或者最高法庭有其他解决意见，当事人将被释放出狱。

34. 如果有人被证实无理取闹提起诉讼，三番五次以不正当的诉讼干扰他人则法院有权拒绝其提起的诉讼，不允许其享受法律的恩泽，并可以因为他的无理取闹而对他加以惩戒。

35. 任何人的在生长的或收割完成的庄稼或干草，花园里的物品或任何容易腐烂变质的东西都不能成为法庭扣押的财物，除非是已经将这些物品安置在某地而且不能腐烂的情况下，它们才具有一定的价值。

36. 在下级法院受审的嫌疑人都有权向法庭助理提起上诉，如果其在法庭休庭之前提起上诉，在接下来的六天之内法庭助理将确认原告方继续起诉的理由。如果当事人表现良好则任何人都有权向常设法庭 /议会进言，投诉其在法庭助理或者其他人处受到了非公正的待遇。

37. 在有证据显示原告属于自愿地对被告进行恶意起诉者，法院有权对原告强行处以适当金额的罚款，对其恶意控诉被告人或被起诉人的错误行为或者大声喧哗予以惩戒。

38. 在法庭上，每个人都有出庭作证的权利，当庭所做的证词誓言将记录在案。在两个助理之前所作或涉及任何死者或该证据已依法进行确认则会被永久保存下去，在特殊情况下这是永久的纪念和证据。

39. 在包括人权物权混合诉讼在内的所有双方对峙的诉讼中，当法官恪守谨慎时，法庭有权缓期执行，则方便之时再继续审理。

40. 如果在签订转让契约、合同时当事人受到非法暴力、监禁、恐吓，及任何强迫性对待，那么该契约一律不具有合法意义，一概不能生效。

41. 在任何人坦白其犯罪动机时，无论他是阶下囚还是嫌疑犯，法官应该听取其言论并进行公平公正的审理，切不可带着偏见与歧视进行审判。

42. 同一个人所犯的同一桩罪行只能由国内法庭审判一次。

43. 任何犯人都不应被处以40下以上的鞭刑，对于正派人士或者与正派人士相平等之人不应被授予鞭刑，除非其罪责令人发指让人深以为耻，而且其为人放荡不羁。

44. 被处以死刑的囚犯将在其定罪后的一个工作日内被处死，除非法庭考虑到原告方的特殊要求，或者依照军事法，死刑犯的尸体在12小时之内将会掩埋，除非要对其进行解剖。

45. 没有人应该被屈打成招，除非是在一些死刑犯的案件中，一开始就证据充分确凿被认定为犯人，并且显而易见其还有共犯和同伙的情况下，方可对其用刑，但这些刑罚不能是野蛮的非人道的。

46. 我们所允许进行的肉体上的处罚绝对不能是非人道的、野蛮的或者极其残忍的。

47. 必须要有两到三个证人的证言或者其他与之相对等的证据，才能对犯人处以死刑。

48. 任何本国居民都有权搜索和阅览除议会之外所有的法院或者机关单位的记录或者登记表，在由负责管理财物的公职人员签字后，还可以得到这些记录或登记表的副本及通过审阅的范例。

49. 除了大陪审团的成员，自由市民在一年内不会被迫两次以上参与陪审团，但他们每年至少要参加两次开庭。

50. 所有的陪审团成员将由其所住镇的居民选举出来，这种选举会经常举行。

51. 所有下级法院中辅助法庭助理的相关人员将在特定时间

由法院所在镇提名，并在其内部有序选出。

52．儿童、智力不正常者、神志不清者及其刚刚来到我们殖民地的外来者，无论是不是罪犯，由于宗教等因素的要求，都将得到津贴和补助。

53．年满21岁者，父母去世后可以继承土地或其他家产，可以参与选举或被选举，将视作成人在法院受审或宣判。

54．在法庭之上，无论因为任何事情而进行的选举、宣判、提议以及进行宣读时，如果总统或者宗教领袖拒绝履行决议且有原因去处罚他时，法庭议会中占大多数的一方有权决定，他们中的某个人取而代之，并履行决议。

55．在任意法庭的诉讼中，原告方有权尽其可能指出所有要指控的罪名和要求所得的赔偿，而被告方有权尽其所能对所有的指控进行辩护以此来回应原告，而法庭将参照全部证据进行裁决。

56．如果有人在镇级会议上出言不逊、恶语相向，出席会议的其余市民有权对他的行为进行惩治，并可处以不超过20先令的罚金，以示惩戒。

57．无论何时，一旦有人突然非正常死亡，该镇的警察或一些助手将即刻召集一个由12名自由市民组成的陪审团对其死因及死法进行调查，然后将拿出一份真实的裁决书给附近的助手或者在下一次该镇法庭开庭之时呈报公堂。

自由市民的特殊权利

58．行政当局有权力和自由监督法令和每个教会依照当局之言而制定的教规，因此法律将以人民而非教会的方式制定。

59. 政府有权力和自由根据国内宪法处理任何一个教徒，无论他是何种教派，何等职务。

60. 任何教会的谴责都不能贬低一个市民的自尊心，不能降低他的职位，也不能废除他在联邦中所得到的权力。

61. 只要当事人所犯罪责不危害本殖民地或其他市民，治安官、陪审员、公务员或其他人都不得揭露或公布任何私人所犯的罪责。他们受到良心的约束，凭借上帝之言进行保密，除非此罪责恰好是合法要求进行的证言证词，才可泄露。

62. 所有的郡或镇都有权力和自由在请求常设法院后选出他们的代表。这些代表将宣誓效忠并定居在所辖区域内。

63. 所有的州长、副州长、法院的助理、相关工作人员、大陪审团陪审员、常设法院代表都不会自己承担支出，他们的必要开销将由他们所服务的镇、郡或国家进行拨款。

64. 每个诉讼的诉讼双方、审理过程、犯罪动机，都将清晰明确地由记录员记录在案。

65. 没有一项道德上的习惯或者法规可以永久地在我们之间盛行。依照上帝之言我们的意图是保留那些被证实在道德上是罪恶的东西。

66. 每个镇的自由民（市民）都有权享受各项法律及宪法带来的对于其城镇的社会福利，他们都不是罪犯，最多不过是因为缺乏慎重考虑而进行的冒犯行为，将对其进行 20 先令处罚。他们并非厌恶国家的法律秩序，如果任何居民忽视或拒绝遵守这些法律秩序，他们将有权通过扣押其财物的方式来索取指定的罚金。

67. 这是自由民永恒的权利，他们有权每年在选举会议上从自由民中选出所有在此管辖区域内的地方行政长官。如果他们想在选举当天用选举的方式罢免他们，完全不需要说明原因，但如果是在其他的常设法院里，我们将用司法的方式解决，所有的理由都将公之于众并进行证实。我们所说的行政长官是指，我们的州长、副州长、辖区内法院的助理、财务管理员、海上的海军将领还有那些从此以后可能与之相同的官员。

68. 这是自由民（市民）的权利，自由民可以从他们自己中选出议会的代表，要么从他们自己的镇选，要么从他们所能决定的地方选出。因为我们不能预见会有多少种类繁多的情况纳入我们未来的考虑中，不可预知我们会根据需求制定多少法令。这些代表（他们代表着国家参加议会）不会颁布法令，但国家知道在何种情况下如何才能将利益最大化。

69. 未经大部分成员一致同意，议会不得解散或者休庭。

70. 所有被称为自由民的人都有权提出意见，参与选举，在法庭上做出裁决，进行讨论，参与公民大会。他们将依照他们所做出的真实判决和良心拥有充分的自由，行使自己的权利。这一切都在井然有序的秩序下完成。

71. 如果在法院大会上投票数量相当，不能选出合适人选或就某项议案达成一致的话，州长可以一锤定音，同样，在民事法庭上，总统或是宗教领袖亦有权决定最终的议案或人选。

72. 当州长和副州长意见一致或者任意 3 名助理意见一致时就有权让一名已经被定罪的犯人缓期执行，这种缓刑持续到 15 日后由众议院来决定。众议院是唯一有权力赦免一名已被定罪罪犯的机构。

73. 在任何情况下，众议院 /常设法院都有权派遣本联邦的任何一人，不论何职，去出使外国传递公共讯息或者进行协商谈判。如果派遣的一方对要派他出去进行的事务了然于胸且愿意承担这项活动，则可行使其权力。

74. 每个乡镇的自由民（市民）都拥有充分的权利，一年一度或者更短的间隔期中从他们自己人里选出合适数量的人来处理乡镇所遇到的重要事情。依照所颁布的指导书所言，只要他们所作并不反对公共法律，不反对国家秩序，只要他们所选出的人数不超过 9 人则可行使其权利。

75. 在制定及执行任何法律规定时，法院理事会或公民大会的任何成员都有权参考其宗教信仰，如果他们不赞成以投票的方式来解决涉及资金，货物或认购任何公共物品，他们可以通过口头或书面形式提出反对意见，并有权要求将异议记录在法庭记录当中。此类事情可以按照基督教的形式或依照各自方式进行，而且他们所提出的异议必须在有意义的前提下才可以提出。

76. 无论何时如果陪审团或者陪审员对于他们在法庭上给出裁决的原因并不清楚时，在他们上交裁定前，他们有权在开庭时向任何他们认为合适的可以引导他们为了他们解惑的人请教。

77. 在自由民参与选举投票，制定宪法秩序或者通过司法裁决之类的重大时刻，如果他没有充分的理由给出肯定的答案站在这边或者另一边，那么他有权保持沉默，没有人能逼迫他做出决定。

78. 未经议会 /常设法院指派，任何地区的公共财务管理员数量不得增加；未经当地自由人同意，任何郡、镇的财务管理员数量不得增加。

妇女的自由与权利

79. 如果在男方去世时没有给其妻子留下足够数量的财产，其妻子一旦向常设法院提起诉讼，则会获得一定的补偿。

80. 每个已婚妇女都有免受她丈夫家庭暴力的权利，除非她丈夫是在自我防卫情况下抵御其妻子的攻击。在一些法院中如果其有向当局控诉家庭暴力的正当理由，法院将保护妇女的合法权益。

孩子的自由与权利

81. 当双亲并未立下遗嘱而亡的情况下，其长子将获得两倍份额的遗产，除非议会/常设法院有正当理由进行其他的判决。

82. 当双亲并未立下遗嘱而亡，且膝下无子的情况下，其女儿将作为第一顺位继承人继承其遗产，除非常设法院有正当理由进行其他的判决。

83. 如果父母肆意妄为，不合理地拒绝孩子合乎时宜的婚姻嫁娶，或者非自然地对子女严加苛责，子女将有自由向政府上诉以求获得应有的赔偿。

84. 那些在其父母有生之年并未对其承担教养之责的未成年孤儿，在其成年后将会不完全受任何宗亲、朋友、执行者、所属乡镇或者教会的管束，在至少有两名法院助理出席的情况下，其拥有绝对的独立自主权。

佣人的自由与权利

85. 如果任何仆从由于其主人的暴戾恣睢、残忍无道而逃离到同镇的任何一名自由民家中，他将在那里受到保护并持续到他得到应得的救济。如果下达的通知迅速地传递到他所逃离的主人那里，他的出逃行为将受到法院助理及警察的庇护。

86．除非经过法院开庭审议或者两名法院助理同意，任何仆人不得转给他人超过一年以上，无论是在其主人有生之年还是他死后由其他主人继承都不能违背此原则。

87．如果有人对他的仆从施暴，将其打得鼻歪眼斜，牙齿掉落乃至毁容，除非此事完全是出于意外，否则他将释放他的仆从，使其自由，并将支付比法庭所判更多的赔偿。

88．当仆从勤勤恳恳、忠心耿耿地为主人效力满七年后，待他获得自由之日，主人将赐予他一些财物，绝不能一无所有。但如果他在侍奉主人时慵慵懒懒，并不忠诚，那么尽管他被主人呼来喝去，但依照当局判定，直到主人对其满意为止，他不能获得自由。

外国人的自由与权利

89．如果有外国人宣称，真正的基督教将让我们免于当权者的横征暴敛和压迫，让我们远离饥饿，物资匮乏或者此类无可避免的原因，依据上帝赐予我们的权利与义务，这些外国人将受到我们的款待，我们将给予应有的援助。

90．任何在我们所属海岸发生事故的船只，不管是敌人还是朋友，我们都不能使用暴力伤害船上的人或者掠夺他们财物，而应将其救援上岸，所属财物应放置在安全地带，直到行政当局确认后再按照相应的律法进行处理。

91．在我们中间不会有由契约签订的奴隶、奴隶制，或者囚禁，除非是合法贸易得到的俘虏。有一些外国人甘愿出售给我们为奴，但他们将拥有充分自由，以及依照上帝律法在以色列民族所制定的法律中关于一个人道德所要求的全部自由及权利。但这不能免除任何一个由当局所判奴隶的奴役。

对待家畜

92．任何人不得虐待或残害经常被人类所圈养、使用的牲畜。

93．如果在特殊情况下，任何人有机会驱赶牲畜去远方的目的地，途中它们必然疲惫不堪、饥肠辘辘，也可能会生病或者哺育后代，那么法律允许它们在除了草地或圈起来以做他用的土地上得到足够时间的休息，可以补充给养，稍作休整。

94．死刑：

（1）如果待罪之人信奉其他教派而非我主，那么就是罪加一等，将会处以死刑。

（2）如果一个男人或女人是男巫或者女巫（他们由众人指证），他们将被处以死刑。

（3）如果有人自以为是，无理地表达出亵渎上帝、神父、神子或圣灵之意，又或者以同样的方式诅咒上帝，那么他将被处以死刑。

（4）如果有人承认他是主动杀人，是有预谋的出于憎恨而非是必要的正当防卫，又或者仅仅是依照他的意愿而做出的杀人行为，那么他将被处以死刑。

（5）如果有人因愤怒至极、情绪失控杀死了他人，那么他将被处以死刑。

（6）如果有人背信弃义，用毒或者其他残忍的手法杀死了他人，那么他将被处以死刑。

（7）如果有男子或者女子与野兽或者家畜进行性交，毫无疑问，他们将被处以死刑，野兽会被屠杀，而这野兽的尸体也不会被食用而是直接掩埋。

（8）如果有男子像和女人上床一样和男子上床，且他们二人对此都心甘情愿，那么他们二人都将被处以死刑。

（9）如果有人与有夫之妇或者怀有身孕的人妻通奸，这对奸夫淫妇都将被处以死刑。

（10）如果有人鬼鬼祟祟行窃，那么他也必将被处以死刑。

（11）如果有人提供错误的证据，迷惑法庭，借此图财害命，那么他将被处以死刑。

（12）如果有人图谋不轨意图进行入侵、叛乱或者公共谋反来反抗我们的联邦，或者试图突袭任何镇、乡、要塞或者从根本上动摇我们政府的体制，妄图颠覆我们的政权，那么将对他处以死刑。

95．上帝耶稣给予教会的自由宣言：

（1）在上帝所辖范围内所有未加入教会的人民，只要接受正统的审判，在其生活中并无丑闻，那么他就可以自由加入教会团体。如果他们以教会的方式行事，接受基督教启示录对此言行的监督，他必将更加向善。

（2）任何教会都有充分的自由遵照圣经的要求行使上帝所订的法令。

（3）如果他们能够虔诚规范地信仰上帝，每个教会都有自由地、不时地对他们所有的职务进行选举和任命。

（4）每个教会都有自由有权利遵照上帝所订立的规矩维护律法进行以下行为：每个教会都可以自由进入，举荐，依照充分的理由对其职员、成员进行免职和开除。

（5）任何教会都没有任何的强制令施加给它的职员或者成

员，无论是主义、信仰、纪律、物质的还是非物质的，在这上帝的机构中一概没有。

（6）每个基督教会都有自由依照上帝之言用禁食、祈祷的方式来欢庆佳节，进行感恩。

（7）教会中的长者有自由参与每月，每半月或者其他在适宜时间和地点举行的讨论会，对与基督教有关的问题和情况进行商议。

（8）所有的教会都有权用教会的方式对他们的成员进行审判，所以审判过程不会被阻碍或者拖延。

（9）每个教会都有自由处置任何属于教徒的地方文职人员，法院的代表或者其他公务员。以防他们做出显而易见的违法行为，这一切将备受瞩目在众目睽睽之下进行。

（10）我们允许举行个人的集会，召集各行各业的人们进行对教义的教诲，为此这种集会的人数、时间、地点，及其他因素我们一概不追究。

（11）为了阻止错误与违法行为在教会管辖范围内进一步滋生和蔓延，为了在几个教会内部保持和平与真实，保证内部稳定团结，也为了巩固国内各教会之间的兄弟之仪，常设法院当局为了基督教的合法权利与自由而批准允许，一年中每月一次（当时机成熟时），附近教会的牧师与长者将合法的同其他友人一道通过教会的批准，在附近的每家教会里进行集会，一家一家轮流进行。牧师在一家教会宣讲完毕后将受正在举办集会的教会的长者之邀去进行宣讲。剩下的时间可能都会用在召开基督教公共会议上，在这些会议上他们将讨论和解决所有关于主义，信仰或教会管理的疑惑和问题。教会的管理者是由会友提议选出的，当然也允许其他会友提出异议和反对意见，或者回答如何依照上帝之言将教会建立得更好的问题。如果整个活动是由举行集会教会中的长者主持或者由其他他们指定之人主持的,一切事务都不会由一个或者多个教会施压强迫解决,问题的解决依靠的是兄弟会之间的协商与讨论,他们之说谈都将平心而论,不违背自己的良心,而事实也将从此水落石出。由于这样的集会有时会因为与其他宣讲会在时间上发生冲突而不能及时参加,所以由所有的教会商议决定,这周如果举行集会,那么其他在周围教会举行的宣讲会都将延后。为此,这神圣的集会所展现出的基督教对公共服务的贡献将备受瞩目。

96. 无论是之前提到的具体的法令,还是公民与教徒的权利与特权都是以自由为名的,它们并未明确规定于成文法中,我们并未通过权威认证,但是我诚挚地乞求未来的当权者可以将它视为法律,让那些伤害了他人的罪犯受到罪有应得的惩罚。

97. 如果有人曾被教徒欺压,那么我们同样给他充分的权利与自由,允许其在任意法庭进行上诉并将公正地对此做出判决。

98. 最后,出于我们的职责我们将颁布这些法令,不允许任何事动摇我们的根基。在未来三年内这些法令将在每一个常设法院进行宣读和授权。法律中不可更改和废除的部分将很快被批准通过,从此之后,触犯法律之人必将受到应有的惩罚。

如果在未来三年内有常设法院没有宣读和授权上述的法律,时任的州长、副州长,还有每个法庭中的每个助理都将处以每人20先令的罚款,每个代表处以10先令的罚款。这些罚款将由其个人支付,选出他们的乡镇将不对此负责。无论何时只要法院中的助理及相关人士对这些法律提出异议,常设法院都只有解释权。

9. 约翰·温思罗普笔下的专制政府及 澄清诽谤的马萨诸塞州政府 （1644）

【1644 年，一场纠纷在马萨诸塞州行政官员与代表们之间产生，其根源在于两种立法机关所代表的权利不同。代表们声称捍卫司法的权威，但温思罗普反对这种说法，结果他和其他官员遭到了代表们的指控，说他们是专制政府。为了澄清这种情况，他拟定了以下文件。这份文件不仅对于论述温思罗普的个人观点非常重要，更将是联邦政治制度的起源。】

专制政府就是有人来统治人民，人民没有选择，也没有什么津贴补偿，至于谁有权力来统治他们，并没有判断的原因和规则。

只有上帝有这样的特权，其主权是绝对的，它是理性的化身，是完美的规则。所以如果有人要篡夺权力便是专制，是不敬的行为。

在人民有权自由承认或拒绝他们的州长，并要求建立可以用来裁决和统治他们规则的地方，这样的政府就不是一个专制的政府。

民主的马萨诸塞州政府应该具备这样几个特点：（1）建立在一定基础之上；（2）具备积极的法律体系；（3）通过不断地实践证明惯例（用于公益事业时）比不具备法律体系的社会更好。

这个政府的基础是国王的特权：这确定了他们存在的形式，一定数量的人聚集成一个政治团体，他们包括几个成员但却是（在这一政治方面）一个共同体，每个成员都有其适当的位置，这个政治体就能协调他们的权力与行动并使之能够最好地帮助所有人。

在这个政治体中有两种人在减少，州长和财阀或者自由民：当在州内增加了一名副州长和18名助手时，提高的便是州长所代表的权利（不是一个人，而是一个集团），而其他人（即财阀）则是为自由——这不只单单是对自由程度的消极影响，这些自由将有能力使他们得到最大福利（在某种形式上的自由，而不是权威），并在两个将军的领导下，选举和建议：（1）他们有权自由选出年度的（如果需要的话可以更多）所有领导及其他行政官员，这样一来将影响到管辖范围内所有的部分（无论是司法还是内阁）。（2）他们在所有的公民集会中有自由协商的权力，所以不经过他们的协商讨论和同意，任何公共性质的法律、法规，或命令，以及任何强加于他们身上的税收或其他负担等都不可以强加在他们身上。他们的家庭或财产通过政府的授权，即使是在公民集会上仍然是一个独立的成员，我们的国家应该是一个纯粹民主的国家，不然如果一切都是州长、法官来掌握，那么政府就没有什么可做的了，也就无法摆脱贵族的统治了。

为了澄清这些，我们将制定专利法案：

(1) 这个国家宪法的内容包括以下：之前以及所有类似的其他条款，这些条款将会在以后的时间逐渐被承认，并由公司自由遵守。此后，上面提及的协会，无论实际上还是名义上，都应以新英格兰马萨诸塞湾的州长及公司的名义，成为一个独立的政治体或法人团体。而且，从此以后，同一个大公司都应该有一个州长、一个副州长及 18 个助理，如果发生变化，应定时进行选举，从上文所提到的自由人中选出新一届人选。在这样的方式下，那么此后所提到的公务员将倾其所有去处理好、归置好所有的贸易及其他关乎这片所提到的土地和房屋的事务，管理好政府所统治地区的人民。

(2) 对于分权要按照如下所说：上述公司的管理层在管理者由于生病或其他原因缺席的情况下，临时的管理者将有权根据情况做出安排，有权将上述公司的员工召集起来对关乎公司发展的贸易及事务进行商议。

为了更好地归置和处理公司的事务，上述的州长、副州长、助理应该每月一次甚至更频繁地主动去在其内部举行集会，进行庭议。

有七名或七名以上助理协同州长和副州长所组成的集会将被称为公司的大集会，他们为了处理、归置、解决那些有时关系到公司或者殖民地的贸易及事件而会聚一堂。

依照如下条款，每年获得大部分自由人的建议和批准即可举行四次广泛廷议。在广泛廷议中为了他们的福利，建立更好的政府，他们可以允许在公司中增加其他的自由，选出所有的下层公务员，制定法律和宪法。

对于他们职员一年一度的选举将依照如下条款进行：

所谓的一年一度永不改变也就是说在上周三的复活节当天，

在常设法院或者集会上将由更多的外援公司选出上述公司中的管理者、副管理者及助理。他们会在当场如之前所说进行就职。

另外一说，在他们中的任何一个常设法院中，任何表现拙劣、犯了错误的职员（无论何种错误）都将离职并且接替他的人会立即就职。

最后一项条款是用于管理殖民地范围内的居民的。这种方式同样存在于获得专利权的弗吉尼亚、百慕大、西印度群岛地区。掌管公司的主要政府官员将居住在英国（所以要切断他们的联系本来就很困难），这项条款不仅应用于此还运用在其他所有的专利中，公司在英国将建立一个管理政府，而在此地的职员在那里将担任管理者、议员、法官、市长、法警等职务，同时依照此条款，在政府在这里建立起来之前，恩迪科特先生和他的同伴在这里充任管理者及议会的角色，具体条款如下：

（1）对于州长，公司中的自由人等人而言这可能是合法的，他们在上述的常设法院或者其他为了这个目的而召集的法院里集会，就连州长或副州长都与六名助理一同出席，在那里将对他们进行任命然后建立起健全的合理的规矩、法律、成文法、宪法等。这些法律和规矩不能与英格兰相敌对，其目的在于建立更好的政府和地方行政机构来适应殖民地及其居民的需要，也是为了为上下级官员各种各样的官职进行命名，这些官职都是政府和殖民地不可或缺的，此外还要对那些官员进行区别，然后规定其职责、权力及权利范围等。这些法律还规定了正如上文所说的一年一度的选举，规定了就职时的宣誓形式，规定了管理，解决所有发生在我们的上述居民身上的大大小小琐事的办法，这些琐事可能都是平和的、虔诚的内部事务。

由此可知，这个政府在根本上就并非是一盘散沙，在每个部分都可谓是严格管理。

（2）通过这积极肯定的律法我们可以进一步得知如下结论：

当此法律于 1643 年第一次正式宣布时便规定，只有常设法院有权力制定法律，宣布公民为自由人，选举及调任州长、副州长、助理、会计等公职人员，宣布其可以开始履行其职责与义务，对土地财产进行分配。只有当大多数人都同意的情况下才能解散法院，镇上的自由人有权派他们的代表进驻法院，代表其行使除了选举公职人员的选举权之外的所有权利。

在第 67 条自由权利中如此规定：

这是自由民永恒的权利，他们有权每年在选举会议上从自由民中选出所有在此管辖区域内的公职人员。如果他们想在选举当天用选举的方式罢免他们，完全不需要说明原因，但如果是在其他的常设法院里，我们用司法的方式解决，所有的理由都将公之于众并进行证实。我们所说的公职人员是指，我们的州长、副州长、辖区内法院的助理、财务管理员、海上的海军将领还有那些从此以后可能与之相同的公职。

（3）依照基本的规则和积极肯定的律法，在已经稳定下来的地区，政府将即刻将政令付诸行动，迅速制定好律法与规则。但是在国家刚刚成立处于殖民地初期，政府忙于琐事，恐怕无法制定出准确的法律来治理国家。

通过已被证实的事实可知，此政府无论是它的存在形式还是在本政府中工作的官员都不是霸权主义，这就是与专制政府定义的第一分歧。

至于其他的分歧（主要问题存在于此）则是规则上表现出的不同，州长及其他公务员都要受到规则的约束，哪怕是在他们的治理行为中亦是如此。这些规则需要经过授权然后才能生效，本政府（即使是现在）都绝不尊崇专制。

我可能会展示一个专利权之外的明确规则，但是这个规则看上去更为特殊，因为它是将会记述在后续的法律中，我将在这里开始对它进行介绍，此项法规直到 1636 年基本法（依据上帝之意）建立之后才批准实施，所有原因都将在此说明，依据在此已经强制实施的法律，那里若是没有法律，便依据类似的上帝之言进行统治，为了省去颁布许多的特别法规，在此我只颁布第一权力自由法规：人人生而平等，任何人的生命都不能被剥夺，任何人的荣耀，美名都不能被玷污，任何人不得被逮捕、拘禁、驱逐或以任何方式使其妻离子散，任何人的私有财产不得被他人侵吞，也不得以任何方式执行不公正的律法，戴着有色眼镜伤人，公平正义将受到国家法律的保护。国家法律是由常设法院批准通过且充分贯彻落实的法律，以防在特定情况下由于法律缺陷而出现问题，此时将依照上帝之言行事。或者在死刑或者关系到依照常设法院的判决将进行肢解或者驱逐刑罚时，采用此法典。

由此可见，这个国家的公职人员都有一个规则贯穿在他们的管理之中，这个规则便是上帝之意及其推论与总结，或者是从那里引申出来的规则。

所有的国家都有一些纪律或者基本法，当时机需要时，他们从对特殊事件的处理中得出这些律法。虽然没有联邦能够和拥有一个特定的积极的规则并在一个单独的事件中分配好权力，但是基本法或一般规则提供了解决问题的方向，无论是在整体上还是在任何特定的部分都避免了严重损害的出现。由于没有出现明显违背那些一般规则的不公平判决和无序的司法进程，由此可知，有些规则可能是必不可少的，所以政府是有秩序并非无序的。

上帝给予以色列的基本规则是绰绰有余的，这些基本规则足够引导他们去处理任何问题，我们也有着与他们相同的基本规则，还有补充、解释、推论，应有尽有。一切都如我接下来要说的：如果上帝赐予人类智慧去处理事务，那么我们就不可能想在所有的问题上都有规则的约束。

在这里还记述了几种罪的处罚方式（除了死刑之外）：本来如果主愿意，他可以在此做所有想做的事，就像在其他地方一样，但是他却在地球上指派了政府成了他的代理人。主赐予他们几个人来作为总统引导着所有的人类去享受他所赐予的礼物。在最困难的情况下，最高权力机构的法官可以对律法进行裁决，那时他必须看到三件事：（1）尽管这项判决并未得到明显的共识，其将在已经设立的法律之外公之于众。（2）这项对法律的判决是意料之中的事，所以国王有一本法律的副本供其在有生之年阅读体悟。（3）这样的判决并未是在事情发生之前已经存在的而是临时应变而已，当时机需要时，上帝允许出现在他自己的条例中，为了增加他所欣然赐予人类的礼物，他将在地方上召集建立起政府。在《圣经》中有几种形式的祈祷和布道，但是没有人从中推断出牧师应该在每个场合都进行布道和祈祷，因为如果这样就会毁坏牧师任职的律法，即该条例。一名宣读法令的牧师虽然在那里任职但是却没有经过任何的学习或者接受灵魂上的赐福。所以如果所有惩罚犯罪的方式都用书本记录下来，当陪审团陈述完案件，这本书就能进行判决，哪怕是个学生也可进行裁决，宣读判决，如此一来在审判时又哪里需要什么特殊的智慧、学习、勇气、热情或忠诚呢？

规定处罚方式是眼前非常重大的一个问题，为此我们必须深入研究我们视为明灯的《圣经》，然后规定处罚形式及其他合理的论点，这绝不能是纸上谈兵，必须脚踏实地去设定这些。

英国拥有完善健全的宪法，它既不是一个专职政府，也与我们的马萨诸塞州有所不同。例如陪审团，无论是这里还是那里进行裁决时（在民众的感觉上）都是专制的，在大多数情况下，在面对对于造谣、侵犯、违约等所有涉及人民自由的诉讼时处以不少于罚款及其他的惩罚。如果有十二个人他们都没有公职在身，那么可能（希望得到上帝的救助）没有规定好的规则而是通过分别审判来量刑，给予他们足够的信任等。那为什么不在惩罚性的审判中信任那些有官员进行帮助的犯人呢，就像信任那十二人那样？

在已在此颁布的自由中以防止独裁政府为目的的多达四十余条，但对于违反规定没有明确规定处罚方式，也未曾对此进行修改。

在违法行为被发现之前上帝便已对其做出了宣判，这不仅是由于他的绝对主权更是由于他已经从他们的命运中预见到了犯罪的事实。此外在他审判的情况下，同一罪行的最小惩罚程度要小于对罪犯进行全面审判。但是人们必须依照他的委任进行审判，如此一来在他被冒犯之前就不能处罚其他人了，而这种冒犯将被审核、证明，然后记录在规则中，在对所有情况进行深思熟虑之后再对其进行衡量。我们给予对方为自己申辩的自由，也不会有比在查明动机前就宣判更为对其不公平的做法了。

英国是一个历史悠久的国家，但在我们短暂的历史中有比他们几百年来更为健全、积极的法律。虽然他们确实有一些附加的法律规定了处罚方式，但是他们中的大部分相对于罪行应受的惩罚而言都太轻了，例如：一个誓言价值十二便士，酗酒只处罚五先令等的处罚方式。但是对于一些大的罪行和不端行为，例如作伪证、弄虚作假、谋划阴谋、诈骗、残暴无道、胁迫他人等其他大罪却没有规定惩罚方式，至于这些情况在其他的欧洲国家又是如何，我不能将这些与他们的历史联系起来（因为我们不知道他们的法律），在那里我发现对一些严重违法行为的处罚竟然是由法官自由决定的。

司法审判应该依照每个人应得的刑罚进行审判，以眼还眼、以牙还牙等。例如路加福音第 47 章中的仆人，他知法犯法因而比无知者受到了更加严厉的惩罚。如果我们制定好了法律，在我们的法律中规定对于所有的谎言都处以 40 先令的处罚。但是当两个人同时因为这项罪名而获罪，其中一个一直以来都是诚实待人，在此之前从未说过谎，而他的谎言也没有危害到他人；而另一个则是声名狼藉的骗子，他用心险恶以谎言去伤害他人。如此一来，对他们就决不能处以相同的惩罚，40 先令的惩罚对于前者实在过重，但对于后者又有不足。此外，来自法律的审判（我们知道的）会让罪犯痛苦不堪，虽然这确实是场灾难，但是除了死刑等极重的刑罚外并不意味着毁灭。但是在量刑之时，法官也承担着风险：同样的处罚对于富人而言并不算什么，也不会让他有多痛苦，但是放在穷人身上就可能让他一无所有，一蹶不振。

每部法律在它的任何一点上都必须做到公平，但是如果附带的处罚并不公平，那又如何能称之为公平的法律呢？为了规定好处罚方式就必须遵从一定的规则，否则就是在篡夺上帝的特权。但是法律的制定者或者宣读者不能找到这样一个规则去制定处罚方式，但是如果在宣判前能意外找到一个好的处罚方式，那么就必然是由一个确定的规则决定的，也就是说这项法令的出现必然是上帝的恩赐，是上帝的垂怜。法官及其他官员将对每个人做出公正的判决。如果有部法律规定酗酒者将根据他所犯的罪行进行处罚，那么这就是一部公正的法律，因为这种判决是有据可依的。但是如果明确规定了处罚方式，那就不公平了，因为它想要一个规则，但是在审判前出现这种状况的时候，考虑到当事人的品质和其他因素，法官将找到一个用来审判的规则，犹如纳巴尔、尤赖亚还有一个酗酒的以色列人，他们三人在判决前都被以酗酒为名起诉，那么依照他们犯罪的不同程度和性质，他们所要受到的审判也是截然不同的，那么在他们身上所显示的便是公平神圣的裁决。因为神圣的裁决是由上帝宣判的，在审判中他的语言不能被违背，但是这并未曾写入人权宣言之中。上帝给予他的信徒希望并告诉他们如何应对哪怕是在被审判的前一秒，如果牧师与法官谨遵上帝的教诲，相信主，那么上帝还会教诲他们，告诉他们应该如何宣判、告诉他们不要瞻前顾后，这就是一种规则。无论在什么情况下我们的主都会传播他的一些法令或者规则，或者让我们更为信任我们自己的力量和方法，甚至要凌驾于对他的信仰之上。在所罗门对于两个妓女的宣判中说道，当以色列人了解国王的判决时，所有的以色列人对国王都充满了畏惧，因为他们看到上帝的指挥帮助国王做出了判决。看到这里闪耀着上帝之智慧，通过这次审判，加强了法官的权力，然而在人类的那些审判中没有能达到如此地步的，但是如果判决准确无误，就必须归功于我们祖辈的智慧，如果不然，这错误的判决就容忍了某种必需的恶行，因为它是不能更改的。

虽然规定的惩罚减少了劝诫的用途，但是劝诫依然是上帝一种神圣的宣判和法令，它是由《圣经》批准的，比如所罗门曾就打破安息日一事劝诫过亚多尼亚和尼希米记；"智慧的语言就像是鞭子激励着人们，就像是由集会的牧师钉下的钉子——钉紧这些受到劝告之人（我的儿子）。""责备一顿一个聪明人要比鞭打一百个愚笨之人更有效"。

　　法官便是上帝在世上的化身，在他们进行审判时，他们不仅代表着上帝的智慧，更体现着上帝的仁慈（这是上帝的高贵品德），在他的审判中需要尊重当事人的品行，看到当事人更多的善举或者诚心诚意的忏悔。这样一来在并未产生重大公共影响，或者避免了国家即将到来的重大危机之类的情况下，要以仁慈之心进行宣判，对于盗窃及相似罪行，法律规定要对受害者进行双倍赔付。在这种情况下，如果一方承认他的罪行且带来了他的贡品，那么他只需要赔付 1.5 倍即可。按照法律规定，通奸和乱伦死不足惜，这项法律出现在雅各布时期（犹太在塔玛事件中的宣判），然而由于鲁本是一族之长，对于他的处罚仅仅是丧失与生俱来的权力；维则由于他对公共利益的敬畏而没有被判处死刑，虽然他与人通奸还谋杀他人；芭丝谢芭没有因为通奸而被判死刑是因为国王对她的渴望而强行改变了法律；亚比亚没有因为他的叛国罪而被处死，是因为他之前的忠心耿耿、任劳任怨；舍梅被判处死缓是因为他那虔诚的忏悔。那些在尼希米时期打破安息日的人因为国家尚未建立没有被处死但却被首次劝诫了等。在戴维时期约押因为阻止了即将发生的公共危机而免于一死，虽然他杀了人；洗鲁雅的儿子们关乎戴维的利益，对于他的战争有利，联邦不得不宽恕了他们的罪责。但是如果审判职能依照规定的处罚进行，无论在什么情况下都不能减轻处罚的话，这样的审判中就没有了智慧和仁慈的存在，正如所罗门所说："仁慈与真实才能使上帝永存，他的王座仁立于仁慈之上。"

　　我知道我们会用我们的规则去填补上帝没有规定惩罚方式之处。如果有人说："从上帝的范例中得来。"我会回答道：（1）上帝除了死刑之外什么也没规定，仅仅是在两方之间的问题上更加倾向去满足错误的一方而非是进行审判。（2）上帝所做的示范并非是允许我们反抗上帝的规则，我们的规则只是去做出公正的审判，（大多数情况下）我们并不能在犯人认罪前做出审判等。现如今的五先令可能比日后的二十先令还要值钱。如果上帝的在《圣经》中的范例成了我们违背规则的保证，日后我们就可能做出取消对谋杀、通奸、偶像崇拜等罪行的死刑，然后因为父母的罪行就把孩子送上断头台等愚蠢的行为。

如果我们对规定处罚方式的探究要到此为止了，那么如果想防止人民受到不公正审判的迫害就只有这么一条路可以走：我将再次探寻能够削弱上帝审判权力的规则，通过让人民不再对上帝的天意深信不疑来解决人民。上帝在他自己的法令中保证会给予援助，但是谁来赋予法律制定者智慧呢？谁来进行审判呢？难不成得是上帝？之后我们可能就不会再那么相信是他赐予我们智慧了。他会在我们之后对案件做出判决吗？这也就是说当上帝委派他们审判的时候，上帝也在进行审判。所以我们可能依旧相信我们的法官都是由上帝选择出来的，而上帝也会按时开庭。

之后就会进一步发问，我们留给后代的财产有什么用？如果我们现在就规划将来我们后代要住在哪里，那么他们又需要多少地呢？他们又想要住在哪里呢？他们平日里吃些什么，穿些什么呢……之类的问题。那我们又能凭借何种的规则来挑战这种权威呢？虽然我们可以在《圣经》中找到这样的例子，例如约拿达和利甲的儿子等，但是没有人将这些视为我们为子孙后代定下禁令的保证，因为他们有与他们的财产相适应的共同利益和自由，而我们截然不同。

为了防止压迫等行为的发生，有没有什么办法可以帮助我们但却不违反规则？我们因为不知道未来的危机四伏而受到了明显不公正的待遇吗？在这种情况下没有一个清楚的方式可以帮助我们吗？难道是向最高法院提出诉讼吗？如果这不能在这特殊时刻拯救我们，就反而会因我们的规定处罚方式而使得我们处于非常不利的地位，此外可能会制定一部法律通过罚款等处罚形式来防止推翻政权，剥夺人民的资产和土地等（我认为一部保卫自由的法律，这是必不可少的），通过这部法律法官的权力将会受到明确的限制（如果情况允许，可以超出限制），如果法官犯罪将会被移交至常设法院，如果被判为死刑，可以给他们自由让他们用一定的比例赎回。这将充分保证适当的人员和财产免于受到迫害。对此如果我们的审判法庭可以保持下去而不是派最多三五个职员草草了事，就一定能将它落到实处。这样一来就有更多的官员可以从忙于应付二次上诉中解脱出来了。

如果在没有处罚方式的情况下法律并非完美，那么对于法律的自大就是个错误，因为法律本身与处罚方式就像光与黑暗一样截然不同，泾渭分明。法律是由人所制定的，那么自然而然就是要为人服务的，但是处罚确是肯定的附属的。法律是绝对的，那么从主观上而言处罚行为就是错误的，而法律就不应该附加上处罚方式。

以赛亚书（基督教《圣经·旧约》中的一篇）第十章：颁布不公正的律法对于他们而言就是一种痛苦，为此每当有处罚证明如此的法律存在严重的不公时，便会带来一场巨大的灾难，对于不公正的判决而言也是如此，"你应当做出完美公平的裁决"。如果上帝对于可交换的审判是如此的严格以至于这其中的每条法律都是谨遵完美公平的规则制定。既然如此我们又有什么理由心怀恶意，对我们的同胞举起屠刀呢？难道是在为我们本就不确定的罪行强加上确定的惩罚方式吗？

而人民将会反抗不公正的法律，他们自愿不做违法乱纪之事，授予我们权力去制定法律约束他们，且对我们制定的法律选择了毫无保留的赞同。为了回应他们将他们自身的权力赋予我们让我们去约束他们的行为，我们所能给他们的只有公平的法律而已。虽然他们毫无保留的赞同将使得自己在肉体上屈服，但是这并不能禁锢他们的精神，强迫他们满意，也不能让法律制定者随心所欲制定不公正的法律，更不能让这样的法律成为法官良心的担保，要在他之前对这明显的犯罪行为做出判决。

虽然在我看来我对规定处罚方式一事的反对之声是无穷无尽的，但是我也不能否认在一些情况下它确实是合法的：正如我们刚才所说，虽然他不适用于每一个细节，但是站在普遍性的角度上可能是真实的。"整个国家统一定额收费"，没有人会去考虑男女性别等，一切都是定额的；当我们谈到一个人被整个教会驱逐时，这就是事实（普遍意义上的正当解释），但是并不是人人都同意。任何的处罚行为都是由规则规定好了的，如此一来法官也许会进行公正的宣判。我此前和现在都有参与其中。

现在我们将回应这样的一些反对意见，他们反对在审判过程中给予法官应有的自由。

1. 如果不对法官的判刑进行规定，法官在审判过程中将会受到诱惑。

回答：（1）我们不能为了逃避诱惑而违背规则，因为上帝将让他的仆人经受住诱惑，上帝伟大的力量将在人脆弱的时候显示得明明白白。主不会为了让他的仆人躲过白天来自奸人的诱惑及其他可能遇到的问题而将他的仆人带入黑夜中，也不会为了避免在安息日出现的诱惑而让基督徒在玉米或草料长好之前就把它们收割了。虽然我们知道饮酒时是诱惑我们犯错的紧要关头，但是我们并不禁止饮酒。

（2）那些法律和处罚方式的制定者同样也是容易受到诱惑的人，他们也可能由于无知，不注意或者奸人陷害而犯错。很容易便可知道法律制订者们在整个国家中担任着更为重大的职务，比法官们还容易犯致命的错误，关于这一点有以下几个原因：①他们假设自由不受任何规则的约束，不对任何问题负责，因而更容易误入歧途。②当他们制订惩罚方式的时候并未与嫌疑犯当庭对峙，因而与法官相比他们对于无辜流淌的鲜血，宽恕罪人或其他不公平的现象不能足够警惕，容易掉以轻心。如果乔纳森事件发生在之前，那么当索尔对要处以死刑的罪责进行规定的时候他可能就会改判了。③法律制定者在规定处罚方式时并未受到明确的召集，法官在审判的过程中不能期望得到上帝的帮助，而法律制定者在宣判时并未受到约束。

（3）如果有法官在审判中玩忽职守或者接受贿赂而犯错，且他的罪责仅在于他自身，那么惩罚与审判也会随之而来。但是这个错误是出自法律本身，那么影响会更加深远甚至可能影响到子孙后代。不公正的法律比不公正的审判要危险得多。

2. 通常在违法犯罪行为的程度变化时，上帝会制定一些确定的惩罚方式。

回答：（1）我之前已经说过上帝如何用他绝对的权力来做到这一点。

（2）这对他并非不公平，因为即使是最小最小的罪行（在他被审判前）也应受到最为严厉的惩罚。

（3）在这些情况下（例如盗窃），他依照犯罪的性质和恶劣程度来改变惩罚。而其他像死刑、永久流放等的惩罚方式对于一些性质简单的罪行而言却是恰到其处，这些罪行没有一个合适分类，只能对它们进行严惩。例如，有人已经因为通奸而被处以死刑就不能再以乱伦罪判刑，又比如，如果有人已经因为偷了一百英镑而被判处终身奴役就不能再因为他打架斗殴而判刑。

（4）在绝大多数的犯罪行为中，惩罚是一种弥补伤害的方式，在这种情况下司法审判就不允许法官有任何自由去改变或者宽恕罪人。

人人生而平等，富人与穷人在天赋人权上是相同的，哪怕是最穷苦之人也是人，与王公贵人没什么区别。

（5）这些先例带给法官的并不是告诉他在没有规定的处罚方式时该如何去做，而是告诉了他在审判所有案件时都要遵循的戒律，他可以通过这些公平来更好地审判案子（在《圣经》中有几种祷告和布道，但是并没有因此而被证实）。

3. 如果法官拥有对法律的决断权，那么这就是一个不可理喻的专制政府。那么违反法律而受到的刑罚又是否能落到实处呢？

回答：在这两种情况下，原因是不一样的。

（1）对于法律的决断权毫无疑问属于上帝：上帝是唯一的法律制定者，但是他赐予人类权利去解释他的法律，这是他赐予人类的礼物；如此一来主要权力归属于国家最高权力机关所有，次要权力则根据官员和法官的职务授予他们。

（2）法律总是相同的，不因为任何因素而改变，既不增多也不会减少，而对犯人的处罚也是如此。所以要对每个犯人都处以确定的刑罚，无论他是因为无知而犯罪，还是知法犯法或者只是一不留心就触犯了法律，所以法律或者对其的解释在规定刑罚时会避免一切危险，因为没有什么能改变对犯人的判决，因为这是一种惩戒。

（3）法律更具有一般性，它像一种责任每时每刻都压在所有人头上，但是只有罪犯才会受到惩罚，而且只有在他们受审判之后才会受到惩罚。

（4）人人知法懂法是有很必要的，因为每个人都受到法律的约束，国家的安全与福利也都凝聚在法律之中，为此我们要尽早颁布法律。但是这并不意味着我们要让每个人都事先了解违法后的惩罚方式，这是因为我们的人民是上帝的子民，是正直善良的，他们会遵守法律，还因为这样一来人民就会对违法后的惩罚措施心怀敬畏。让他们对于严厉刑罚保持着敬畏要好于给他们自由去违反法律，哪怕只是一件小事。

4. 拥有规定好了的惩罚方式对于国家来说是安全的，毕竟我们也不知道以后的官员或者法官是什么样的。

回答：（1）上帝预见到在以色列日后会有贪赃枉法的法官，为此便在制定法律时给他们制定了最多的刑罚。

（2）任何国家都没有如此的智慧，在面对很多重大问题时他们必须去相信一些人。所以在所有人类活动中：最聪明最谨慎的商人都被迫去相信他们的仆人、工人、船长等，相信他们的智慧与忠诚。在所有的国家中，战争中的将军、舰队司令、大使、财务主管等他们这些人所造成的公共影响远远超过对品行不端或者更小罪名的审判所造成的影响。

（3）当我们对所有平日里可能发生的罪行在法律上都加以约束之后，我们应该相信上帝，那些危险仅仅是可能而非一定会降临在我们身上，尤其是当我们努力地想去避免那些可能的危险对我们现在的善行造成影响时，就可能会有其他的罪行在接近我们。

言论的力量超过我所预期的。总之，马萨诸塞州政府是由官员与自由人组成的，他们一个代表着权威另一个则代表着联邦的自由。二者都有权力，单独或者一起展现自己的权力，并没有明确的法律规定他们一方代表自由，一方代表权威。自由人可以在选举官员时体现自己的权利，而官员们有权处理除了法院之外所有的事务，但他们二者都参与了常设法院，且无论大事小事，都由明确的规则所约束，也就是说政府的统治阶层鱼龙混杂，不可能是专制的。

代表大会委员会看完这本讲述专制政府的书后来了回信，他们对本书进行了检查并对代表大会的选举工作做出了详细说明，即：

在第一部分中：

（1）至于书中所作出的定义，我们认为是有缺陷的。

（2）至于对于政治体的划分，将其成员要么归于权威一派，要么归于自由派的做法，我们并未在专利法中找到这样的分法。

（3）至于书中条约所记述的（尊重常设法院），仅仅是让自由人有自由进行建议和商议，而不是有权力（由专利法允许），我们认为这剥夺了自由人应有的特权。

至于书中的第二部分中谈到的人民应该遵守的规则，我们发现了这些危险的立场：

（1）一般规则足以辨明国家是否是专制政府。

（2）当法官辨明原因时，他应该有自由去改变这些一般规则。

在之后的两种观点中，在第一种立场中有很多危险的言论，尖锐地抨击了所有的刑法，因为——

（1）他们记录的是人类的权利与发明。

（2）人类进行的宣判并不否认和排斥上帝的智慧和法官的权威。

（3）在法律中规定明确的处罚方式是对上帝权力的篡夺。

（4）在案件结案之前不应该做出判决，但是允许立即进行援助。

（5）具有确定惩罚方式的特定法律是不公平的。

通过原因和影响介绍一个审判的特例，以此来证明第二种立场，这是险恶而危险的。

罗伯特·布里奇斯

谨遵命令

州长温思罗普对这篇报告进行了评价，在他仔细誊写的那页背面他签上了署名，如下：

回答：委员会的大多数反对意见都被认为是错误的。

1. 文章的题目说明了作者并非想要任何定义，他只是想进行说明以此来使得主题更为鲜明，更为丰满。他从肯定和否定两方面对主题进行了论述。但是逻辑学家做出的定义是——专制政府，就是一个没有规则的政府，但是从原因和结果上来看，作者的说明无疑是错误的。

2. 通过观察在政治体和其成员之间并没有那样的差别，因为那是整体与局部间的区别。但是在政治体的成员间却存在区别，他们中一方代表着权威，另一方则代表着自由，这是由专利法批准的（在其他场合也是如此），尤其是在那些认为州长等应该召集自由人参政议政的条款中对此倍加推崇，它们代表着自由而非权力。而在他们拥有的选举权方面。代表自由的后者却宣称这是他们永恒的自由，绝非权力。

在第二部分中：

1. 我们并未发现任何立场可以说明一般规则即可充分断定一个政府是专制政府，但是却发现法院将上帝之言和已经制定的法律作为先行的规则，法官在审判的时候需要参考这些规则，因为这些规则都是从特定的案例中衍生出来的（如果上帝赐予人类智慧去理解它）。另外，上帝的法律并非十全十美，所有未来法律制定者在制定法律规定惩罚方式时要做得更好。

如果作者用文字表达了他个人的立场，那么本书将被认可，可以出版，因为所有的法律都能被称作一般规则，虽然是附加了确定的刑罚的规则。

2. 本书的字里行间也不会再显示出第二种立场，但是法官不论从他们的职务（成为上帝的协助管理者），还是从圣经中形形色色的例子来看，这看上去已是陈词滥调，在一些情况下应该赋予法官一定的自由，这样在特殊情况下他才能在他的审判中展现上帝的仁慈之心。我们也不会认为在以色列或者其他国家中，法官将被这样的自由所限制。

在以下的论点中——

如果委员会通知他们在文章中发现了危险之处，他们会将他们独到的见解呈递给我们，之后我们会对此进行思量，如果他们的报告让我们大失所望，我们对此将不会进行回复，同样的我们可能对于他们所提出的问题予以强烈谴责，通常只有人类会对他们不喜欢的东西愤愤不平，尽管他们可能并无害处甚至还是有益的。

至于上述几点，它们作为论据列在那，在对它们进行裁断之前必须即刻废除。

作者提出《圣经》中的例子只能显示出上帝偶尔如何改变他严密的法律（在他的智慧与仁慈下），有时王公贵族在对待公共事务时也会做出同样的选择，这是不能否认的事实，至于他们这样做的正当理由，一直以来都颇受争议，他们言出法随，有自由去表达自己的意见。

在这本书里着实有太多危险的言论，书中真实地引用了《圣经》中的例子提到并没有将之运用在人民身上，可能有一个是原因是因为：戴维曾经折磨过亚摩利人，也就是说在一些情况下，这样做也是合法的。虽然有虔诚之人对这样做的正当理由持有疑问，它也未被认为是有罪的。学者和信徒们对于《圣经》中诸如此类的故事一直争论不休，但是在其他一些地方这些故事却没有丝毫疑问，可能有人会这样推理：戴维在还未听说过米菲设波之时就对他进行了宣判，所以如此审判是合法的，但是这样的行为一定会被视为有罪的吧，或者有人会这样争辩：索尔规定触犯法律者将处以死刑，那么当乔纳森触犯法律时把他送上断头台就是公正的了吧，或者说因此王公贵族可以随性规定惩罚方式，而这竟然是合法的，但是事实上这些都可能被判有罪，因为这些例子都是毋庸置疑的。

作者对其作品的回顾

撰写这本书给了我首次机会去查阅法律中规定的惩罚方式，在一些规定的审判中我看到了不公之处，这些都是用来惩罚那些违反了各类道德法律的犯人的。

在本次查阅过程中，我一直紧抓主旨，对那些只有正面的法律条文置若罔闻，而全部是从也仅仅是从人类制度方面了解了法律的权威，所以你可能会发现我书中的举例全都是这种，我书中的观点也都是从这方面来看的，而且在审判方面我还引用了一些英国的法律在其中。如果要说正面的成文法的话，我发现它有一个重大的缺陷，据我所知大多数后来制定的成文法都加上了处罚规定，当然它也必须有，因为那些成文法只有正面的论述罢了。

　　除非法官能从法律条文中找到量刑标准，不然在审判违法行为时法官亦无法可依：例如，如果法律禁止用枪猎杀野兔或山鸡，但却没有规定惩罚措施，法官在审判时也不知道该如何量刑，这可能是公平的，因为没有上帝或者自然的法律对此类违法行为制定了惩罚措施。但是如果是英国的习惯法（这是古老的法律，相比于成文法，习惯法对于他们的智慧和公平更加尊重），他们没有任何处罚规定：他们可能认为这些都是源于上帝之意和自然之光，所以审判他们也同样需要上帝之言和自然之光（尤其是基督徒，他们在某种程度上把上帝形象重新根植于人们心中），这些会引导我们对那些违法之人做出公正的判决。

　　我并不是反对所有的规定的惩罚方式，仅仅是反对他们在上帝之言中规定明确的规则，这点在我所有的论点中都得以体现。而且为了避免在一些情况下因为规定的惩罚方式而产生的危机，你可能会看到需要制定一些法律，这些法律可以将法官们的权力缓和地限制在一定界限内从而防止出现危险，这也就是我在第一段中想表达的一个要点，法官的权力应该得到规则的制约，而这些规则将贯穿在他整个的执法过程中，所以我又有什么理由去维护专制政府呢？至于应该给法官多少自由的问题，就请你们来决断吧。

　　至于法律，你们可能也发现了，我总结了颁布和宣读法律的必要性。人人都应该知法懂法，因为我认为如果需要去遵守法律的人却不了解法律，这对于他们而言是不公平的。我的行为对此是有责任的。因为上帝不允许我向他们屈服，所以我赞成所有我们现有有用的法律，赞成这样的贫困扶助，它们中一部分也有规定的惩罚方式，但是我已经给出了我不赞成那些惩罚方式的理由，虽然他们在一些情况下满足了法庭的要求，但是我不比任何一名法庭成员有更多的自由和权利去说什么，我也不会在我的书中对此加以解释；对于发生的违法行为我只有三言两语想说，即使我可以给出足够充分的理由，但是我承认这些事现在并不让我满意，但是当事情处理完毕，明白作者的诚实意图之后，我们就会理解上帝不允许我们在口头上把某个人宣判为罪犯。

　　无论我犯了什么错误（我是先这样做了才说的），我都会接受应受的惩罚，但是所有关乎上帝、真理之事，或我对公共事业的赤诚之心，或由于我的地位而拥有的向法院呈递这些考虑的自由，如果这些受到质疑，我必定为之抗争到底。

约翰·温思罗普

10.　关于"重生"的问题——亨利·范恩爵士（1656）

【在 1656 年，为了让英国人从思考的烦恼中解脱出来，克伦威尔发布了一个公告。作为回应，亨利先生——前马萨诸塞州州长，一个在英国联邦时期最有思想的政治家，也发表了一个声明，阐述了民事原则和宗教自由，并且提出制订宪法的方法和方式，事实上，这个就是美国革命之后所颁布的公约。】

对于一个重建性的问题的发布和解决，这需要在公众的场合来进行。与此同时，在寻找适用于重建之策之前，这个问题是无法解决的。

首先需要解决的问题就是，通过什么可以使来自三个不同国家的诚实之人保持协调和团结？出于某种理由，有些人可以在精神上、道义上假装一致，但这并不能意味着什么。

如果他是出于为了索取而做出的选择（例如，在庄严的一天中，治安官暗中邀请英格兰人和威尔士人禁食并忍受屈辱，这看上去也许并不算是有什么绝望的），所有持不同意见的政党仍然在精神上保持一致，该决议似乎很明确地对争论的双方进行了肯定。但出于某种可能，或是某种也许，不，是一种需要，这种需要使得人们每天都要接近它并且靠近它，如果异议方愿意或希望能够从共同的敌人中看到对手所存在的危险，其实这也是一种安全。

简要地说，这些理由如下：

第一，善良仍旧是主要的原因，或者应该这样说，在所有好人的心中，那已经是其特有的属性，它现在不仅具有一定的价值，也比财富更让人感到受用。另外，大家共同信仰的、全能的神会认为谁的名字更好呢？谁会更加安全呢？谁会获得福利呢？谁知道怎样去得到一个辅助工具呢？

第二，人们考虑从事的事业仍旧与以前一样，如影随形的是更加冗繁的程序，这更易导致危险和困苦，并且更多的是凭借至高无上的法律，对那些被密封的、被证实流淌着基督的血液的人（把礼仪放入灵魂的人，带来他内心的关于神的价值），所有的事情都是恐惧的、隐忍的，这是通过一些规则或是其他的一些事情所赋予的。这其中的内容是上帝所进行支配的，直到人们的性情变好，因为他们在认同自己的同时，也将世俗的法律进行完美的判断：在这种情况下，法官所执行的行为也就变成了赞美与保护。同样，如果一个牧师心存恐怖性的报复，之于作恶的事情，便成了他生活中的一项交易，这个人，在司法上的判决如同对人的任命一样简单，但这已然超过限度。可以说，裁判这个行业是正义、正当的吧，这是在权利和自由的事业中为善良而又诚实的人所做之事，对于民事权利和自由范畴而言，所有关于公民权利以及自由的细节都会得到人们的关注。这也是他们内心的真实想法，这样他们才能够快速地兴盛发展。然而恰恰相反，他们内心深处的真实想法是——一段时间之后，如果没有这么多公平的部门去协调个人利益，他们将不再表现出积极主动性，深植于他们内心的公平自由的思想将会慢慢地淡化直至忘记，因此，他们会将对诺曼底军事行动的愤怒转移到政府身上。

支撑他们内心灵魂的不是公共利益，而是想要征服世界的个人欲望，这是通过武力以及政府的专政来实现的。这是假借站在人们的立场上来实现的，其实，他们的所谓的安全感以及公共利益都是政府自己的阴谋。作为个人利益主义者，他们在国会上故意去迎合人民，可以看出，这完全存在于一个没有真正人民利益的国家之中，他们通过颁布宪法来让大多数人民相信他们，这也给国会议员施加了巨大的压力。如果他们能通过自己的能力取得干涉政府的权利时，这将会赢得人民的信任以及国会的胜利，人民也自然而然地信服了，进而他们也就取得了优先权和心驰神往的权利。所以他们和继承者们都会义无反顾地、无条件地贯彻这个思想，去实现真正的民族利益和公共权益。在这样的一个国会当中，他们宣称：不以自己的利益来左右宪法的颁布。这的确给人民以信心，对于在这样背景之下的誓词，这已然是最好的手段去维持人民的安全，而在如此背景之下的争辩也是在政府和政党之间展开的。整个国家的拥护者都会积极地去参与其中，来实现真正的自由。

目前来看，一些分支机构尚留有空白或是处于悬而未定的阶段，这是需要解决的。值得一提的是，这其实是朝着一个更加神圣而又卓越的目标前进和实践。也就是说，宗教问题或者人们所关心的利益问题及个人崇拜问题都是违背了良心，因为基督经过了死亡、升天、复活，他也许是或生或死的所指，在所有对上帝和基督的崇拜中，每个人赋予他的内容很多。作为他们自己的神，直到最后的裁决中，他们或是坐着或是躺着，这并不是在这些事情中惨被压迫，或是需要拯救之人。为什么要对你的兄弟施以轻视？因为他的失败和道德冒犯了我主基督，因为我们都存在于神的审判座位之上。

此外，如进一步确认，人们并不知道一旦进入一个立法程序，他们的职责是必然受到审判的，在这一点上，我们没有理由恐惧。这也意味着反基督教的专制将向外发展，直到它进一步地更新和发扬。在一些新的形式之下，我们发现，我们多年来被教授的、总结的经验到最后其实是失败一场。我们那些看似忠厚之人不断地被滋养和吞噬，愤怒的精神使得我们当中的一个成员去攻击另一个。当这一切被发现之时，便是皇家法律明令禁止的时候。那么，这便是高度关注下的自由？是的，我们拥有着并且享受着。国家的执政者提出的相关规则，上帝免除了他所被赋予的强制的力量，并下放给人民，这可以便于人民行使其被赋予的权力，也可以使他们得到更好的照顾。如在适当的时机提出来，那么这种约束便会树立成最高权力。

区主教和那些受迫害的人，两者都在同一种精神下受到驱使，而法官则偏听于那些神职人员，假装保持一颗能够支配官员的良心，但作为一个身受最痛的压迫和难以忍受枷锁的人来说，很难保持良心去观察审判者采取什么样的方式对待这一问题。在他们看似明智的、可以置于公众面前的誓言上，我们确实心存许多不满，这也使得我们思考得越来越多，进而尽可能地获得明确的目标或者最高级别的权利。

作为他们固有的品格，他们有着可以将自己变成一个热心于公益事业的好民族的能力。对于曾经发誓要得到和维护正当权益及自由，他们发现自己已经在所有场合都许诺过。对于他们每个人来讲，什么是适合自己做的，那就是他们从内心所产生的动机。受此影响，他们获取权利的过程是一个渐进的过程，他们的权利是组建一个团结的社会，在优秀的领导指挥下，从开始的个体逐步扩充到普遍的大众，从所有中性的判断过渡到虚假的朋友或门徒，这些都是在军队国防的支撑下和维护下进行的。

（在上帝的神举之下，它们应该被建立。）他们能为了安全共同抵御外敌，便会以最好的方式彼此协商。一旦他们的军事嘴脸表现出来，就会暴露得相当无知。为了身体上的安全，互相达成协议就会显得非常必要。权力是诱人的、绝对的、广泛的。由于在一些方面，政府的材料都可以无所不在，那么在相关保护之下的安全措施也便由此产生。针对诱人的、绝对的、无穷的权利，他们进行了策划裁决，直到达到目前所需的军事要求，但同时也对它进行了限制。与此同时，为了福利和人身安全，他会以一种合适的、有序的方式记录下来。在高级司法的规定与监督下，战争法律的司法力度变得非常具有限制性。没有了猜忌与不安，或者说没有了固定的军队，再或者说没有了固定的、具有威胁性的成员。直到爱好和平的人与这个原因产生直接的关系。由于彼此共同的理想和兴趣，通过这种相互作用的方式，他们便会联合一致（即使其中有一些是不同的），那都是差异，恐惧，仇恨，竞争，猜忌或类似的东西产生的原因。而这些原因也会因此而消失。一旦爱好和平的人发现对手有自己的兴趣与定位，这将带给整个政党权力并且在这方面他们会拒绝服从或被奴役。就这种情操而言，他们是至高无上的，并且拥有他们主权国的权利。伴随着军队他们更会比以前体会到坚持的必要性。提高并保持他们对敌人的警觉性，他们这些人在下一次战斗中，会比以前更加拼命，奋不顾身。

谎言是在犯罪的层面，并且它的原因也是经过了内心真诚的想法所表现出来的。它也许是一种自由的表达，也许是法官口中的"他做了"，同时渴望、等待定罪的结果。当权力和特权被剥夺的时候，留给他们自己的是自由的处理，像政府用正义的宪法对结果的判断。然而，在这种情况下，无论是他们通过延迟被扣留，还是最终彻底地放弃使用他们的权利，他们假装出的都是对权利的放弃。的确，有一些真理深在其中。如果现在利用权力，以及可以向军队发号的施令，并把所有必要的事情都安置于此，那么他们一定会被公认为是共和国昏暗时期忠诚的保护者。

但是如果有人真正地运用了自由作为权利，那么他一定是人类中最为干练的。为什么有隐藏的东西会在这个时候出现，并且没有像很多血一样溢出或在财宝花费之前出现？的确，判断一件事的真实性与可行性不是想象的和猜测的那样。除此之外，为什么没有能力进行处理而又延长了很长时间，或者荒废了躯体。其实完全可以通过一部分全神贯注的思考，便可以获得自由。

如果那些邪恶的、不好的或冒犯的处理在人们之间发生了，尽管它可能继续存在于司法之中，至今我们也还认为它是可能逃脱的，并且不被惩罚的，只是要通过在整个世界的正义的判断下，才可以实现的。

除了狂热的情感和人们共同拥有的好处之外，个人利益和财务更加明显地成为我们所追求的并以此为目标的事情。如果因为那些非常残暴的原则和反基督教的行迹而使上帝惩罚了我们的祖先。如若它再一次复苏，并且植入到我们的大脑，告诉我们大多数的祖先忘记了他们已经从罪中被救赎。同时我们也是如此，把贪婪装进我们的脑海，从上帝自己设计的报复中保留贪婪。如果上帝愿意提供所有的优势，并设计好了让他的子民获得真正的福利和外在的安全（就像他赠予了军队那颗被祝福过的胜利果实），最后去夺取我们丰富的资源和所获得的财富。如果这些事情曾经在我们身上被发现（是上帝仁慈被禁止的事情），为了那些被诅咒的事情，难道我们不该看得更加长远些吗？我们的良心不会暴露在上帝的话语和精神的光亮之中！罪，在我们之中被安插下来，并且得以保留在他们（祖先）之中，或者是在他们的强行之中表现出来。亚干在他的行为之中至少表现出了两点——第一，他在上帝所毁灭的巴比伦政权之中被救赎并获得安全。第二，他没有带来从上帝宝库里获得争论的果实并适当地运用。在这个被诅咒的事情当中，据说所有的以色列人都是生活在亚干的罪里，偷盗和虚假充斥在他们全员之中。这就使得上帝愤怒并且要对以色列燃起勃然怒火，并且让他们在他们的敌人面前无法站立起来。他们失去了上帝的关心，一个魔鬼在我们之中存在着，我们无法回到以前那样所坚信、依靠的状态，那是我们用以维护整个身体最愉快的和谐之物。一个公正的、有良好宪法的政府，首先是有序的，有共同利益的。第二，这里有具有一批随时准备就绪的人，在他的个人能力中，执行和遵守是必要的。

代表着一切的最高司法机关将会更自然地去关怀百姓，更平等地为人民的共同的利益与安全做出贡献，虽然这并不是对至高无上的权力的否认，但至少赋予此项权力的人在不需要它的时候，他们也会感谢自己的决定；但当这项对于政府自由且自然的管理措施被打断并逐步衰退时，自由就会被任何特定人员所限制，或是拥有着至高无上权利的政府部门以他们惊人却又仅占总体小部分的数量促使人们专注于此，并使他们成为拥有决定权的公众主管，同时他们也属于安全利益部门；（主管们）没有他们那样的自由与应有的许可权，却自称有同样的权利去管理。那是很有利的，因为对于如此有价值的尝试，他不能在不经历难挨的皮肉之苦后逃出魔掌，从而东山再起；那就是首次浮出水面并步入暴行行列的混战，这场混战也使大部分地区发生更显眼的暴动与骚乱，并将统治权拱手让与另一个赋予人们繁重赋税与奴役制度的人；在所有不可反抗的地区中，尽管没有这么多违背公众真实意愿却要求人人适应和服从的规定，但在战争的压力下，他们至高无上的规则与理念，专制的意念与判断使他们仅仅在部分地区建立起属于自己的制度，或是在为全体群众安定和谐的生活而互相竞争，这些与以往相比显得略胜一筹。

假如是这样的话，那它就是一个很根本的、合理的、正确的政府制度。一旦被采纳，这样的争论形式就会很容易得到证明，同时并不会出现随之而来的反对，对于此项制度的追随者，也都将会得到承认。

那么一来，当今掌权者的智慧与诚信就有可能会被发掘并公之于众；既然这样，在自己先前的基础上，如今掌权的核心人物开始了他们的预备工作，并按照他们的要求与指示来安排整个权力集团的工作部署，并且将每个人放到最适合各自的位置，进而来达到工作的目的。对于位置分配，最原始的方式应该是一场由忠诚、诚实及精明的人组成的大会来决定的。通过自由选举，有着共同意向的被选举人的追随者组成团体，并在部分州内出现。选举人根据相应的时间与地点，通过先行掌握的权力来任命他们，同时选举出来的掌权人被任命为军队的统帅。

一些会议想仅仅通过辩论自由化来使用立法权力其实是不恰当的，而通过一些宪法章程取得一致意见的个别做法，也将会不可违背地遵守、执行，这将成为作为整个团体代表推举的条件。

在透明的组织形成中以及政府机构的宣布下，团体中每个成员都签署了他们对选举人赞成的证言：什么身份条件下同意使团体的分裂没有危险，考虑到他们的身份地位以及他们所组织的大会的本质意义，这些人代表他们地区的最高等掌权人，因为他们手中的武器捍卫着民主政府。当他们有序地组织聚集到一起，为了这个目的而认为可以这样做。基于此种环境下，人们臣服于最高司法权，那么这个团体的融洽、正义、爱、平和及安全可能就会突然降临。

这种制度一旦被推行，并且被掌权人以及他们的核心团队所掌控（由于他们是被完全信服的，在上帝的眼里，这是他们的责任去实现并且保证相应承诺的完成），那么向人类给予恩惠，决策和资金，爱与祈祷就会变得多么的自然，所有的一切都是在整个政党的权利中去实现的，在掌权人手中力量协助下，无论他们遇到什么样的困难和阻碍，都能使公共维持安全和平。这样的话，就会处于一种各种事情与分歧并存的境地，让这种制度在所有方面得到认可并且让所有担忧的人被说服是有着非常的必要性，对于一个强大的团体，一个坚定的联盟，通过上帝的柔和以及敬畏的灵魂，在携手达成一致的情况下，如今的工作将会证明这是上帝留下的、唯一的补救办法。

如果反复无常地给一个自由的国度像办公室般的规定那会怎样呢？在当权之人的管理下，哪一个被奖赏，哪一个被惩罚都将会表露无遗。

现在，如果分散在人群中的那个本应该被主权承认的制度被反对了，他们可能会像从前一样把立法权的使用和演练付诸行动，通过他们病态地去工作，毁掉所有的管理。

从最高到最低，在另外一个自我否定的精神层面上去爱，而不是出于战争和愤怒的原因，在他们的精神之父上帝面前铸造他们自己。在自卑和屈辱中，他们共同犯罪，在过去的一段时间，他们对神灵一个接着一个发起挑衅，并羞辱他最光荣的名字，怀着敬畏与神性的恐惧期望他们能够给自己服务，因为我们的上帝是火焰。

正是因为这些诱因，让我们使自己确信这个方法将会使战争之后带来的事情显得不是那么的难。通过主对他们内心深处的观察来决定是否将他们带回家，如果可以的话，他或许会做一些我们不知道何时会发生的事情：我们拥有一双辩证的眼睛，我们用它来注视着主，我们用它去审视在过去的三年里所做的工作。在这片土地上，有着天堂里无限的沉默。如果主很高兴地像一个观察者似的站在那里，看着他的子民的命运，并且让他们做出一个决定——那就是是否选择运用他们的智慧和政治才能。当主沉默时，人们会忙碌，会呐喊，比如发出很大的声响或噪声，就像在呐喊的国王一样；然而，当只有一个声音，再无其他时，他们不会像之前一样的制造噪音，而是充满着恐惧和嫉妒。

如果，他们因此产生一种异议或不同意的意见，为什么他们不能像平常一样去忏悔或是去找到挣脱的理由抑或是寻找来自法官的帮助呢？这种发泄将变得比像火山爆发一样可怕。愤怒的情绪从来都敌不过正义之神。之于我们生命中的很多事情，在我们中间相比于恶意来说，它可能会有更多的影响。这种诱惑是很常见的，对于掌权之人来讲，无论他们做得有多么好，都有可能被否决。于是乎，你突然冒失地行动，对于弱者来说，负载着赦免权和否决权是最好不过的了。而其他的人又在精神方面有着重建、重获新生的渴望，这就为宪法权利的生成与发展提供了可能。

因此，在每个不同的阶段当中，都是充斥着自我完善和背负责任。然而，在神的眼中，如何迅速地了解、融入破碎的、自我否定的民族，这始终是个问题。

此时，清晨时分，他将不再安静地坐着，天堂将再次开启，这将给真诚之人予以精神上与心灵上鲜活的影响力，最终，这将存在于上帝的作品之中。当他们中的任何一个出去以海或土地的名义进行战争，或仍旧在政务会议上为了公众福利而争论，而后又听他的人民的祷告，这明显地看出，人民将他们当作是一群圣洁之人，正如耶路撒冷中的圣言所说："上帝说：我将从现在起直至被希伯来人询问，为他们付出所有，然后他们将知道我是和他们在一起的神，他们是我的子民，你们是我的信徒，我牧场的信徒，而对于软弱的人们、邪恶的人们来说，我仍是你的上帝，我已表明我自己，一个全智的、有影响力的上帝。"

附　言

读者在仔细研读了这篇论文的基础上，会注意到两类事物的关键在于制度的创造者：首先，在一定程度上，当权者需要的答案只不过是他们公开宣称所希望得到的信念，他们发现隐藏在两者之中的愤怒，这已然妨碍了他们所从事的事业。

其次，为了去除真诚之人的精神与想法，所有的关于好坏动机的理性与正义，在内心的天性上与利己的关心上都将大众的兴趣安于世人面前，如果包含有真挚，也许在他们当中不仅仅包含联盟，还包含他们共同的行为准则。

为了这个，作者不愿太多地阐述自己的观点，或发表任何正面的结论。至于通过问与答的形式来讨论业务，从而可以拟订一个计划，在这其中，不同的方面可以达到满意的状态。经过商议，最后达成了一个具有正义性的结论，这比维系他们所产生的距离，更易于体现其优点。就此而言，一旦发现他们正开始以一种卑微的身份来伪装时，他们看上去会如此的伪善，他们也许会很确定地认为，光芒将在他们之中越来越多地涌现出来，直到那完美的一天。现在，我们下一个目标已计划好了，当新的一天到来之时，当象征着天国中的救世主的晨光到来之时，他们将像影子一样消失殆尽。经过重建、重生，他们将变得更加高大、更加成熟。也就是说，信念是由上帝掌控的，并给予人类的，而作家承担了同样的责任。

11. 权利宣言
(1765)

【1765 年 3 月英国议会通过的印花税法案中的一段内容要求，在美国殖民地使用的所有合法文书上都必须盖有一个政府印章才能生效，来自九个殖民地的代表于同年 10 月 7 日在纽约会晤，抗议这一法案及其他侵犯人权的法案，因而制定了权利宣言。1766 年 3 月印花税法案被废除。】

本次大会召开与继续，皆出于代表之成熟考虑，并经一致同意发表下述宣言，以申明美洲殖民地民众之权利，及其被强加之冤……这块大陆上的英国殖民地正陷入一场持续灾难之中。对此，吾等经充分及时考虑，兹代表上述各殖民地，并视此为吾等不可缺之权利，公开宣告吾等卑贱之见，以尊重殖民地民众最根本权利与自由，并呈诉他们因受英国议会近期法案驱迫，而产生冤情与不满。

1. 国王陛下之殖民地臣民，对大英帝国王室抱有与其国内臣民同样之忠顺，并一致服从英国议会之庄严体制。

2．国王陛下之殖民地忠顺臣民，有权享受在英国国内出生之臣民所有继承之权利与自由。

3．对于人民自由而言，一条不可缺少之理，它同样也是英国人原本拥有之权利，即未经本人或未经其代表同意，政府不得征税。

4．上述殖民地之人民，目前没有，而且因其现状也不可能被大英帝国之下院所代表。

5．唯有殖民地议员，才是民众自己推选之代表。除非经由其当地立法机关批准，任何人从未、也不能对他们进行合法征税。

6．王室成员之用品，人民有权享用，这并不合理而且它与英国宪法之原则及文件精神前后矛盾，大不列颠人民在得到王室批准后有权使用殖民者的财产。

7．作为陪审团听审，是每一位殖民地臣民与生俱来无价之权利。

8．英国议会最新通过的应用于英属殖民地及美国种植园的印花税法案和其他关税法案，其向殖民地居民征收税费以及扩展过去对于海事法庭司法权之权限，已损害了殖民地居民之权利及自由。

9．议会最新通过的几部关于征税的法案，使得处于特殊时期赋税繁重的殖民地居民十分痛苦。另外货币不足，同样致使其无法支付。

10．一切殖民地之贸易收益最终将集中于英国，殖民地臣民便不得不从英国购买产品同时他们将对王室批准的供应有很大帮助。

11．议会最新通过的几部对于殖民地贸易强制的法案，将会致使殖民地居民再无能力购买英国产品。

12. 殖民地之扩张、繁荣及其臣民之幸福，依赖于殖民地臣民能够享有充分的权利和自由。

13. 向国王陛下或议会任何一院请愿是英国殖民地臣民之权利。

最后，为了仁慈君主、祖国及其自身之福祉，殖民地民众据其不可剥夺之权利，特向国王陛下呈递此项忠顺提案，并恭请议会两院审议，以便废除其征收印花税之法案、其他议会法案中涉及扩大海军法庭权限之条款，以及限制美洲商业之其他最新法案。

12. 独立宣言
(1776)

【第二届大陆会议第三次会议批准了这一宣言，本宣言由来自弗吉尼亚州的理查德·亨利·李提出，马萨诸塞州的约翰·亚当斯二次审查，宣布解放联合殖民地并宣告美利坚独立。托马斯·杰斐逊、约翰·亚当斯、罗杰·谢尔曼和罗伯特·利文斯通被任命为委员会成员并起草独立宣言。这份由杰斐逊撰写的著名的文件，于1776年6月4日几乎全票通过。】

在人类事务发展的过程中，当一个民族必须解除同另一个民族的联系，并按照自然法则和上帝的旨意，以独立平等的身份立于世界列国之林时，出于对人类舆论的尊重，必须把驱使他们独立的原因予以宣布。

我们认为下述真理是不言而喻的：人人生而平等，造物主赋予他们若干不可让与的权利，其中包括生存权、自由权和追求幸福的权利。为了保障这些权利，人们才在他们中间建立政府，而政府的正当权利，则是经被统治者同意授予的。任何形式的政府一旦对这些目标的实现起破坏作用时，人民便有权予以更换或废除，以建立一个新的政府。新政府所依据的原则和组织其权利的方式，务必使人民认为唯有这样才最有可能使他们获得安全和幸福。若真要审慎地来说，成立多年的政府是不应当由于无关紧要的和一时的原因而予以更换的。过去的一切经验都说明，任何苦难，只要尚能忍受，人类还是情愿忍受，也不想为申冤而废除他们久已习惯了的政府形式。然而，当始终追求同一目标的一系列滥用职权和强取豪夺的行为表明政府企图把人民置于专制暴政之下时，人民就有权也有义务去推翻这样的政府，并为其未来的安全提供新的保障。这就是这些殖民地过去忍受苦难的经过，也是他们现在不得不改变政府制度的原因。当今大不列颠王国的历史，就是屡屡伤害和掠夺这些殖民地的历史，其直接目标就是要在各州之上建立一个独裁暴政。为了证明上述句句属实，现将事实公之于世，让公正的世人做出评判。

他拒绝批准对公众利益最有益、最必需的法律。

他禁止他的殖民总督批准刻不容缓、极端重要的法律，要不就先行搁置这些法律直至征得他的同意，而这些法律被搁置以后，他又完全置之不理。

他拒绝批准便利大地区人民的其他的法律，除非这些地区的人民情愿放弃自己在立法机构中的代表权；而代表权对人民是无比珍贵的，只有暴君才畏惧它。

他把各州的立法委员召集到一个异乎寻常、极不舒适而又远离他们的档案库的地方去开会，其目的无非是使他们疲惫不堪，被迫就范。

他一再解散各州的众议院，因为后者坚决反对他侵犯人民的权利。

他在解散众议院之后，又长期拒绝另选他人，于是这项不可剥夺的立法权便归由普通人民来行使，致使在这期间各州仍处于外敌入侵和内部骚乱的种种危险之中。

他力图阻止各州增加人口，为此目的，他阻挠外国人入籍法的通过，拒绝批准其他鼓励移民的法律，并提高分配新土地的条件。

他拒绝批准建立司法权力的法律，以阻挠司法的执行。

他迫使法官为了保住任期、薪金的数额和支付而置于他个人意志的支配之下。

他滥设新官署，委派大批官员到这里骚扰我们的人民，吞噬他们的财物。

他在和平时期，未经我们立法机构同意，就在我们中间维持其常备军。

他施加影响，使军队独立于文官政权之外，并凌驾于文官政权之上。

他同他人勾结，把我们置于一种既不符合我们的法规也未经我们法律承认的管辖之下，而且还批准他们炮制的各种伪法案，以便任其在我们中间驻扎大批武装部队；不论这些人对我们各州居民犯下何等严重的谋杀罪，他可用审判来庇护他们，让他们逍遥法外；他可以切断我们同世界各地的贸易；未经我们同意便向我们强行征税；在许多案件中剥夺我们享有陪审制的权益；以莫须有的罪名把我们押送海外受审；他在一个邻省废除了英国法律的自由制度，在那里建立专制政府，扩大其疆域，使其立即成为一个样板和合适的工具，以便向这里各殖民地推行同样的专制统治；他取消我们的许多特许状，废除我们最珍贵的法律并从根本上改变我们各州政府的形式；他终止我们立法机构行使权力，宣称他们自己拥有在任何情况下为我们制定法律的权力。

他们放弃设在这里的政府，宣称我们已不属他们保护之列，并向我们发动战争。

他在我们的海域里大肆掠夺，蹂躏我们的沿海地区，烧毁我们的城镇，残害我们人民的生命。

他此时正在运送大批外国雇佣兵，来从事其制造死亡、荒凉和暴政的勾当，其残忍与卑劣从一开始就连最野蛮的时代也难以相比，他已完全不配当一个文明国家的元首。

他强迫我们在公海被他们俘虏的同胞拿起武器反对自己的国家，使他们成为残杀自己亲友的刽子手，或使他们死于自己亲友的手下。

他在我们中间煽动内乱，并竭力挑唆残酷无情的印第安蛮子来对付我们边疆的居民，而众所周知，印第安人作战的准则是不分男女老幼、是非曲直，格杀勿论。

在遭受这些压迫的每一阶段，我们都曾以最谦卑的言辞吁请予以纠正。而我们一次又一次地请愿，却只是被报以一次又一次的伤害。

一个君主，其品格被他的每一个只有暴君才干得出的行为所暴露时，就不配君临自由的人民。

我们并不是没有想到我们英国的弟兄。他们的立法机关想把无理的管辖权扩展到我们这里来，我们时常把这个企图通知他们。我们也曾把我们移民来这里和在这里定居的情况告诉他们。我们曾恳求他们天生的正义感和雅量，念在同种同宗的分上，弃绝这些掠夺行为，因为这些掠夺行为难免会使我们之间的关系和来往中断。可他们对这种正义和同宗的呼声也同样充耳不闻。因此，我们不得不宣布脱离他们，以对待世界上其他民族的态度对待他们：同我交战者，就是敌人；同我和好者，即为朋友。

因此我们这些在大陆会议上集会的美利坚合众国的代表们，以各殖民地善良人民的名义，并经他们授权，向世界最高裁判者申诉，说明我们的庄重意向，同时郑重宣布：

我们这些联合起来的殖民地现在是，而且按公理也应该是，独立自由的国家；我们对英国王室效忠的全部义务，我们与大不列颠王国之间的一切政治联系全部断绝，而且必须断绝。

作为一个独立自由的国家，我们完全有权宣战、缔和、结盟、通商和采取独立国家有权采取的一切行动。

我们坚定地信赖神明上帝的保佑，同时以我们的生命、财产和神圣的名誉彼此宣誓来支持这一宣言。

约翰·汉考克

新罕布什尔州

乔塞亚·巴特利特

威廉·惠普尔

马修·桑顿

马萨诸塞湾

塞缪尔·亚当斯

约翰·亚当斯

埃尔布里奇·格里

罗伯特·崔特·潘恩

罗得岛

斯蒂芬·霍普金斯

威廉·艾勒里

康涅狄格州

罗杰·谢尔曼

塞缪尔·亨廷顿

威廉·威廉姆斯

奥利弗·沃尔科特

纽约州

威廉·弗洛伊德

菲尔·利文斯顿

弗朗西斯·刘易斯

古福尼尔·莫里斯

新泽西州

理查德·斯托克顿

约翰·威瑟斯庞

弗拉斯·霍普金斯

约翰·哈特

阿布拉·克拉克

宾夕法尼亚州

罗伯特·莫里斯

本杰明·拉什

本杰明·富兰克林

约翰·莫顿

乔治·克莱默

詹姆斯·史密斯

乔治·泰勒

詹姆斯·威尔逊

乔治·罗斯

特拉华州

凯撒·罗德尼

乔治·雷德

托马斯·麦基恩

马里兰岛

塞缪尔·蔡斯

威廉·帕卡

托马斯·斯通

查尔斯·卡罗尔

弗吉尼亚州

乔治·威斯

理查德·亨利·李

托马斯·杰斐逊

本杰明·哈里森

小托马斯·尼尔森

弗朗西斯·莱特福特·李
卡特·布拉克斯顿

北卡罗来纳州

威廉·胡珀
约瑟夫·休斯
约翰·佩恩

南卡罗来纳州

爱德华·拉特里奇
小托马斯·海沃德
亚瑟·米德尔顿
小托马斯·林奇

13. 梅克伦堡独立宣言
（1775）

【1819 年 4 月 30 日，罗利·雷吉斯特公布了下面的这份文件，1775 年 5 月 20 日，在收到列克星敦战争消息后的一天，北卡罗来纳州北部的梅克伦堡委员会通过了这份文件。针对以下内容与独立宣言中内容的相同之处，有人质疑杰斐逊所撰写的独立宣言有剽窃行为；然而另一方面，也有人质疑梅克伦堡独立宣言的真实性。显然在 1819 年以前杰斐逊从未听说过这份文件，而且更为普遍接受的观点是，这是一部现存的部分基于对过去的明确决议的汇编，1775 年 5 月 31 日由梅克伦堡委员会成员起草。】

决议 1，无论是谁直接或间接地煽动或以其他任何方式支持英国的不正当的或危及于我们人权的侵犯行为，都被视为梅克伦堡、美利坚合众国及我们与生俱来不可剥夺的人权的敌人。

决议 2，我们梅克伦堡居民特此声明将解除与大英帝国的联系，脱离所有与英国皇室结成的联盟，并且终止政治联系、契约或联合，这个国家已经荒唐地践踏了我们的权利和自由，在列克星敦战争中令我们英勇的爱国者们鲜血横流。

决议 3，我们特此宣布我们是一个自由而独立的民族，按公理也应该是，我们拥有一个至高无上的自治政府，除了万能的上帝和国会政府之外，没有任何政治力量能够控制我们。为了维护这种独立，我们将以我们的共同协作、生命、财产和神圣的名誉彼此宣誓来彼此支持这一宣言。

决议 4，我们现在承认没有法律或法律人员以及军民的存在和控制，我们梅克伦堡特此声明：每一部我们之前出台的法律都将被奉为我们一生所遵循的准则，但不同的是，我们绝不承认英国皇室在这些法律中所控制的权利、特权、豁免权及相关权力。

决议 5，我们将会进一步委任每一位梅克伦堡之前的军官官复原职，他们将重新拥有指挥权及其他权利，同时必须遵守本宣言中的条例，现在的每一位代表团成员从此以后都将成为一名文职人员，即教区委员——委员会中的一员，他们受任将发布会议程序，根据上述通过的文件，聆讯及裁决一切有争议的问题，教区委员们要维护梅克伦堡的和平统一和谐，并努力将对祖国的热爱和对自由的追随传遍整个美利坚直到梅克伦堡建立一个更有组织的政府。

14. 巴黎和约
（1783）

【康沃利斯投降后不到五个月，为确保国内和平，英国议会于 1783 年 7 月通过了一项法案。1782 年 11 月末，美国国会代表本杰明·富兰克林、约翰·亚当斯、约翰·杰伊和亨利·劳伦斯同大英帝国正式谈判，并拟定草约。1783 年 9 月 3 日，英美正式签署合约，英国承认美国独立。】

1783 年 9 月 8 日，美利坚合众国同大英帝国之和约最终签订于法国巴黎，并于 1784 年 1 月 14 日由国会批准并公布。

以最神圣的圣父、圣子和圣灵的名义，以该种方式处理美利坚合众国同王子乔治三世最平和最强有力的旨意正满足神圣的天意，通过天神的恩惠，即大英帝国、法国、爱尔兰，信念守护者，布伦瑞克和吕内堡公爵，财务大臣及神圣罗马帝国的王子，忘掉一切阻碍他们修复相互间联系与友谊的误解和争执。根据英美两国间互惠的优势及相互便利的条件建立一种十分有益并令人满意的往来关系，以此来促进和确保两国间永久的和谐与和平。

1782 年 11 月 30 日各部门授权的政府特派官员于法国巴黎签订了临时条约，这令人满意的结果也奠定了今后的英美之间的和谐与和平，此和约经大英帝国与美利坚合众国同意确立并由两国决定，但是首先须英法达成和平条款，并且由英王陛下对此条款做出相应的决定。英法两国签署条约之后，为了使上述临时条款生效，根据其要旨大英帝国和美利坚合众国已约定签署条约。即英国方面由英国议会议员戴维·哈特利代表；美国方面由时任美国驻凡尔赛宫委员会委员、马萨诸塞州国会代表、马萨诸塞州主法官、美国驻荷兰全权代表的将军阁下约翰·亚当斯，宾夕法尼亚州国会代表、宾夕法尼亚州代表大会主席、美国驻凡尔赛宫全权代表本杰明·富兰克林，及时任美国国会议长，纽约州主法官，美国驻马德里宫廷全权代表约翰·乔伊作为全权代表签署了最终条约。上述代表经过对各自代表权利的相互沟通一致确定批准了以下条款：

第一条

大英帝国承认美利坚合众国，即承认新罕布什尔州、马萨诸塞湾、罗得岛、康涅狄格州、纽约州、新泽西州、宾夕法尼亚州、特拉华州、马里兰岛、弗吉尼亚州、北卡罗来纳州、南卡罗来纳州和佐治亚州为拥有其主权的自由独立之州。他要如同对待他自己、他的子嗣和继承者一样对待上述各州，并放弃对美国的统治及和领土主权的一切要求。

第二条

　　将来所有可能出现的涉及美利坚合众国边界的争论都将被阻止，兹特此声明以下即为美利坚合众国边界线，即加拿大新斯科舍西北角圣克洛伊河源头至英国苏格兰高地；苏格兰高地所截河流支流汇入圣劳伦斯河，流入大西洋至康涅狄格河最西北部上游，从康涅狄格河中游至北纬45°；从上述纬度一直向西，直到与易洛魁河或卡特拉格河流交汇处；沿着上述河流流入安大略湖的中游，流经安大略湖中游直到其与伊利湖交汇处；由上述湖泊交汇处流经伊利湖中游至伊利湖与休伦湖交汇处；再由此交汇处流经休伦湖中游至休伦湖与苏必利尔湖交汇处；流经苏必利尔湖由皇家菲力比克斯群岛向北至长河；流经上述长河中游，长河与森林湖交汇处至森林湖；经森林湖至其最西北点，从此处正西方至密西西比河；沿密西西比河中部至其横切北纬31°最北部。南部边界，从上述最后一条边界线正东方，即赤道北部纬度为31°处，至阿巴拉契科拉河或凯特乎彻河中部；流经上述河流中部至其与弗林特河接合点；从此处至圣玛丽河上游；流经圣玛丽河中部至大西洋。东部边界，沿圣克洛伊河，从其位于芬迪湾的河口至其源头，再从其源头向北直至苏格兰高地，其所截河流支流流入大西洋，汇入圣劳伦斯河；包括美国任何海岸二十里格以内的所有岛屿，以及位于上述新斯科舍及东佛罗里达界线以东地区与芬迪湾及大西洋的各自接壤处，不包括上述新斯科舍省范围内所属岛屿。

第三条

根据和约，在大浅滩，其他纽芬兰河堤，圣劳伦斯海湾以及其他所有之前英美两国居民均有权利捕鱼的海域，美国居民保有原来享有的捕鱼之权利。在纽芬兰海岸及其他英属美国领土的海岸、海湾和溪流，美国居民同英国渔民一样享有自由捕鱼的权利（英国渔民并不享有自由制作鱼干或以其他方式加工鱼类的权利）；在未经划分解决的新斯科舍海湾、港口和溪流，马达兰群岛及拉布拉多，美国渔民享有制作鱼干或以其他方式加工鱼类的自由。但是只要其中的某个地区管辖问题得到解决，如果之前没有同当地居民、土地所有者或持有人达成一致，那么上述行为便不再合法。

第四条

双方债权人须符合无法律障碍才能恢复纯正英币的完全价值及之前签订契约中的真正的债务。

第五条

国会必须认真建议各州立法机构为所有英国国民以及在英国管辖范围内并未参加与美国作战的居民被没收的财产，被限制的权利和所有权的恢复做准备。任何人都应该享有自由出入 13 个州中各个地区的权利，其中一年内他们有权享有在努力获得被没收的财产，被限制的权利和所有权的恢复不受打扰；国会必须认真交付各州对于所有法律法案前言的再审查及修正，确保上述法律法案始终完善的可实施性，在保证公证平等的同时还要满足和解精神，期待这些做法能够带来永久的地区和平。此外，国会必须认真交付各州尽快恢复上述人员的财产、权利和所有权，并以其土地、权利或财产被充公前所购买时的真实价格退款给财产所有人，对于任何因为债务、婚约或类似纠纷而被没收的土地，如果能够行使其正当权利，不应受到法律的阻碍。

第六条

将来不会出现征用，及人与人之间彼此检举，或者以参与当今战争为借口的问题；不会有人由于上述缘故将来遭受到任何在他们人身、自由和财产方面的亏损和损害。在此条约经美国批准期间，这些费用受到限制的人有权立刻检举开始停止使用。

第七条

英美之间保持永久和平，两国人民今后停止在海上、陆上的一切敌对行动并互释战俘，英王陛下将量力而行，不再造成任何破坏或运走美国黑人及其他任何美国财产，英从美境内所有港口、地区、港湾撤出全部军队、戍卫部队和舰队；将所有战时构筑的防御工事交予美国炮队接管；并整理一切美国档案、记录、契约和文件，或者在战争过程中落入他的长官手中的公民必须立即被遣送回他们所属各州。

第八条

从密西西比河源头至大西洋的海域，将永久对英国国民和美利坚居民自由开放。

第九条

为确保任何英国或美国领土被彼此一方军队攻取，在美国未达成上述临时条约之前，经决定，如有上述情况发生，所占土地国家必须将土地归还并无权索赔。

第十条

从签署该条约之日起之后的六个月甚至更短的时间内，对于本条约之庄严批准，良好的执行效果及预期形态必须由缔约的政党之间进行交流。签约之人为我方代表及贵方的全权代表，双方签名充分代表了各自的意愿，借吾等之手签署这一最终条约，从签约之日起双方将罢兵言和。

1783 年 9 月 3 日，签署于法国巴黎

亨利·劳伦斯

约翰·亚当斯

本杰明·富兰克林

约翰·杰伊

15. 美利坚合众国宪法
(1787)

【1787 年 5 月 25 日，来自美国各州的 55 名代表齐聚费城讨论决定草拟美国宪法来取代十三州邦联宪法，由华盛顿担任会议主席。在一段长时间的激烈讨论和多方妥协之后，这份文件于同年 9 月 28 日已得到多个州的议会批准。到 1789 年 6 月 21 日，除十三个州以外的九个州同样已批准了这份文件。1789 年 4 月 30 日，新的联邦政府也在纽约建立了。】

序　言

我们美利坚合众国的人民，为了组织一个更完善的联邦，树立正义，保障国内的安宁，建立共同的国防，促进全民福利和确保我们自己以及我们的后代能够安享自由带来的幸福，乃为美利坚合众国制定和确立这一宪法。

第一条

第一款

本宪法所规定的立法权，全属合众国的国会，国会由一个参议院和一个众议院组成。

第二款

（1）众议院应由各州人民每两年选举一次之议员组成，各州选举人应具有该州州议会中人数最多之一院的选举人所需之资格。

（2）凡年龄未满二十五岁，或取得合众国公民资格未满七年，或于某州当选而并非该州居民者，均不得任众议员。

（3）众议员人数及直接税税额，应按联邦所辖各州的人口数目比例分配，此项人口数目的计算法，应在全体自由人民——包括订有契约的短期仆役，但不包括未被课税的印第安人数目之外，再加上所有其他人口之 3/5。实际人口调查，应于合众国国会第一次会议后三年内举行，并于其后每十年举行一次，其调查方法另以法律规定之。众议员的数目，不得超过每三万人口有众议员一人，但每州至少应有众议员一人；在举行人口调查以前，各州得按照下列数目选举众议员：新罕布什尔三人、马萨诸塞八人、罗德岛及普罗维登斯垦殖区一人、康涅狄格五人、纽约六人、新泽西四人、宾夕法尼亚八人、特拉华一人、马里兰六人、弗吉尼亚十人、北卡罗来纳五人、南卡罗来纳五人、乔治亚三人。

（4）任何一州的众议员有缺额时，该州的行政长官应颁选举令，选出众议员以补充缺额。

（5）众议院应该选举出议长及其他官员；只有众议院具有提出弹劾案的权力。

第三款

(1) 合众国的参议院由每州的州议会选举两名参议员组成之，参议员的任期为六年，每名参议员有一票表决权。

(2) 参议员于第一次选举后举行会议之时，应当立即尽量均等地分成三组。第一组参议员的任期，到第二年年终时届满，第二组到第四年年终时届满，第三组到第六年年终时届满，并使每两年有1/3的参议员改选；如果在某州州议会休会期间，有参议员因辞职或其他原因出缺，该州的行政长官得任命临时参议员，等到州议会下次集会时，再予选举补缺。

(3) 凡年龄未满三十岁，或取得合众国公民资格未满九年，或于某州当选而并非该州居民者，均不得任参议员。

(4) 合众国副总统应为参议院议长，除非在投票票数相等时，议长无投票权。

(5) 参议院应选举该院的其他官员，在副总统缺席或执行合众国总统职务时，还应选举临时议长。

(6) 所有弹劾案，只有参议院有权审理。在开庭审理弹劾案时，参议员们均应宣誓或誓愿。如受审者为合众国总统，则应由最高法院首席大法官担任主席；在未得到出席的参议员的三分之二的同意时，任何人不得被判有罪。

(7) 弹劾案的判决，不得超过免职及取消其担任合众国政府任何有荣誉、有责任或有俸给的职位之资格；但被判处者仍须服从另据法律所作之控诉、审讯、判决及惩罚。

第四款

(1) 各州州议会应规定本州参议员及众议员之选举时间、地点及程序；但国会得随时以法律制定或变更此种规定，唯有选举议员的地点不在此例。

（2）国会应至少每年集会一次，开会日期应为十二月的第一个星期一，除非他们通过法律来指定另一个日期。

第五款

（1）参众两院应各自审查本院的选举、选举结果报告和本院议员的资格，每院议员过半数即构成可以议事的法定人数；不足法定人数时，可以一天推一天地延期开会，并有权依照各该议院所规定的程序和罚则，强迫缺席的议员出席。

（2）参众两院应各自规定本院的议事规则，处罚本院扰乱秩序的议员，并且应以2/3的同意，开除本院的议员。

（3）参众两院应各自保存一份议事记录，并经常公布，唯各该院认为应保守秘密之部分除外；两院议员对于每一问题之赞成或反对，如有1/5出席议员请求，则应记载于议事记录内。

（4）在国会开会期间，任一议院未得别院同意，不得休会三日以上，亦不得迁往非两院开会的其他地点。

第六款

（1）参议员与众议员得因其服务而获报酬，报酬的多寡由法律定之，并由合众国国库支付。两院议员除犯叛国罪、重罪以及扰乱治安罪外，在出席各该院会议及往返各该院途中，有不受逮捕之特权；两院议员在议院内所发表之演说及辩论，在其他场合不受质询。

（2）参议员或众议员不得在其当选任期内担任合众国政府任何新添设的职位，或在其任期内支取因新职位而增添的俸给；在合众国政府供职的人，不得在其任职期间担任国会议员。

第七款

（1）有关征税的所有法案应在众议院中提出；但参议院得以处理其他法案的方式，以修正案提出建议或表示同意。

（2）经众议院和参议院通过的法案，在正式成为法律之前，须呈送合众国总统；总统如批准，便须签署，如不批准，即应连同他的异议把它退还给原来提出该案的议院，该议院应将异议详细记入议事记录，然后进行复议。倘若在复议之后，该议院议员的2/3仍然同意通过该法案，该院即应将该法案连同异议书送交另一院，由其同样予以复议，若此另一院亦以2/3的多数通过，该法案即成为法律。但遇有这样的情形时，两院的表决均应以赞同或反对来定，而赞同和反对该法案的议员的姓名，均应由两院分别记载于各该院的议事记录之内。如总统接到法案后十日之内（星期日除外），不将之退还，该法案即等于曾由总统签署一样，成为法律。只有当国会休会因而无法将该法案退还时，该法案才不得成为法律。

（3）任何命令、决议或表决（有关休会问题等除外），凡须由参议院及众议院予以同意者，均应呈送合众国总统；经其批准之后，方始生效，如总统不予批准，则参众两院可依照对于通过法案所规定的各种规则和限制，各以2/3的多数，再行通过。

第八款

（1）国会有权规定并征收税金、捐税、关税和其他赋税，用以偿付国债并为合众国的共同防御和全民福利提供经费；但是各种捐税、关税和其他赋税，在合众国内应划一征收；

（2）以合众国的信用举债；

（3）管理与外国的、州与州间的，以及对印第安部落的贸易；

（4）制定在合众国内一致适用的归化条例和有关破产的一致适用的法律；

（5）铸造货币，调议其价值，并厘定外币价值，以及制定度量衡的标准；

（6）制定对伪造合众国证券和货币的惩罚条例；

（7）设立邮政局及建造驿馆；

（8）为促进科学和实用技艺的进步，对作家和发明家的著作和发明，在一定期限内给予专利权的保障；

（9）设置最高法院以下的各级法院；

（10）界定并惩罚海盗罪、在公海所犯的重罪和违背国际公法的罪行；

（11）对外宣战的授权书及采取复仇行动的特许证，制定在陆地和海面房获战利品的规则；

（12）募集和维持陆军，但每次拨充该项费用的款项，其有效期不得超过两年；

（13）建立和拥有一支海军；

（14）制定相关的政府规章制度以及陆军海军的规章；

（15）制定召集民兵的条例，以便执行联邦法律，镇压叛乱和击退侵略；

（16）规定民兵的组织、装备和训练，以及民兵为合众国服务时的管理办法，但各州保留其军官任命权，和依照国会规定的条例训练其民团的权力；

（17）对于由某州让与而由国会承受，用以充当合众国政府所在地的地区（不超过十平方英里），握有对其一切事务的全部立法权；对于经州议会同意，向州政府购得，用以建筑要塞、弹药库、兵工厂、船坞和其他必要建筑物的地方，也握有同样的权力；

（18）并且为了行使上述各项权力，以及行使本宪法赋予合众国政府或其各部门或其官员的种种权力，制定一切必要的和适当的法律。

第九款

（1）对于现有任何一州所认为的应准其移民或入境的人，在1808年以前，国会不得加以禁止，但可以对入境者课税，唯以每人不超过十美元为限。

（2）不得中止人身保护令所保障的特权，唯在叛乱或受到侵犯的情况下，出于公共安全的必要时不在此限。

（3）不得通过任何掠夺公权的法案或者追溯既往的法律。

（4）除非按本宪法所规定的人口调查或统计之比例，不得征收任何人口税或其他直接税。

（5）对各州输出之货物，不得课税。

（6）任何有关商务或纳税的条例，均不得赋予某一州的港口以优惠待遇；亦不得强迫任何开往或来自某一州的船只，驶入或驶出另一州，或向另一州纳税。

（7）除了依照法律的规定拨款之外，不得自国库中提出任何款项；一切公款收支的报告和账目，应经常公布。

（8）合众国不得颁发任何贵族爵位：凡是在合众国政府担任有俸给或有责任之职务者，未经国会许可，不得接受任何国王、王子或外国的任何礼物、薪酬、职务或爵位。

第十款

（1）各州不得缔结任何条约、结盟或组织邦联；不得签发采取报复行动之特许证；不得铸造货币；不得发行纸币；不得指定金银币以外的物品作为偿还债务的法定货币；不得通过任何掠夺公权的法案、追溯既往的法律和损害契约义务的法律；也不得颁发任何贵族爵位。

（2）未经国会同意，各州不得对进口货物或出口货物征收任何税款，但为了执行该州的检查法律而有绝对的必要时，不在此限；任何州对于进出口货物所征之税，其净收益应归合众国国库使用；所有这一类的检查法律，国会对之有修正和监督之权。

（3）未经国会同意，各州不得征收船舶吨位税，不得在和平时期保留军队和军舰，不得和另外一州或国缔结任何协定或契约，除非实际遭受入侵，或者遇到刻不容缓的危急情形时，不得从事战争。

第二条

第一款

（1）行政权力赋予美利坚合众国总统。总统任期四年，总统和具有同样任期的副总统，应照下列手续选举。

（2）每州应依照该州州议会所规定之手续，指定选举人若干名，其人数应与该州在国会之参议员及众议员之总数相等；但参议员、众议员及任何在合众国政府担任有责任及有俸给之职务的人，均不得被指定为选举人。

（3）各选举人应于其本身所属的州内集会，每人投票选举二人，其中至少应有一人不属本州居民。选举人应开列全体被选人名单，注明每人所得票数；他们还应签名作证明，并将封印后的名单送至合众国政府所在地交与参议院议长。参议院议长应于参众两院全体议员之前，开拆所有来件，然后计算票数。得票最多者，如其所得票数超过全体选举人的半数，即当选为总统；如同时不止一人得票过半数，且又得同等票数，则众议院应立即投票表决，选择其中一人为总统；如无人得票过半数，则众议院应自得票最多之前五名中用同样方法选举总统。但依此法选举总统时，应以州为单位，每州之代表共有一票；如全国2/3的州各有一名或多名众议员出席，即构成选举总统的法定人数；当选总统者需获全部州的过半数票。在每次这样的选举中，于总统选出后，其获得选举人所投票数最多者，即为副总统。但如有二人或二人以上得票相等时，则应由参议院投票表决，选学其中一人为副总统。

（4）由国会确定各州选出选举人的时期以及他们投票的日子；投票日期全国一致。

（5）只有出生时为合众国公民，或在本宪法实施时已为合众国公民者，可被选为总统；凡年龄未满三十五岁，或居住合众国境内未满十四年者，不得被选为总统。

（6）如遇总统被免职，或因死亡、辞职或丧失能力而不能执行其权力及职务时，总统职权应由副总统执行之。国会得以法律规定，在总统及副总统均被免职，或死亡、辞职或丧失能力时，由何人代理总统职务，该人应立即遵此条款，至总统能力恢复，或新总统被选出时为止。

（7）总统因其服务而在规定的时间内接受俸给，在其任期之内，俸金数额不得增加或减低，他亦不得在此任期内，自合众国政府和任何州政府接受其他报酬。

（8）在其就职之前，他应宣誓或誓愿如下：我郑重宣誓（或誓言）我必忠诚地执行合众国总统的职务，并尽我最大的能力，维持、保护和捍卫合众国宪法。

第二款

（1）总统为合众国陆海军的总司令，并在各州民团奉召为合众国执行任务的担任统帅；他可以要求每个行政部门的主管官员提出有关他们职务的任何事件的书面意见，除了弹劾案之外，他有权对于违犯合众国法律者颁赐缓刑和特赦。

（2）总统有权缔订条约，但须争取参议院的意见和同意，并须出席的参议员中2/3的人赞成；他有权提名，并于取得参议院的意见和同意后，任命大使、公使及领事、最高法院的法官，以及一切其他在本宪法中未经明定，但以后将依法律的规定而设置之合众国官员；国会可以制定法律，酌情把这些较低级官员的任命权，授予总统本人，授予法院，或授予各行政部门的首长。

（3）在参议院休会期间，如遇有职位出缺，总统有权任命官员补充缺额，任期于参议院下届会议结束时终结。

第三款　总统应经常向国会报告联邦的情况，并向国会提出他认为必要和适当的措施，供其考虑；在特殊情况下，他应召集两院或其中一院开会，并应于两院对于休会时间意见不一致时，命令两院休会到他认为适当的时期为止；他应接见大使和公使；他应注意使法律切实执行，并任命所有合众国的军官。

第四款　合众国总统、副总统及其他所有文官，因叛国、贿赂或其他重罪和轻罪，被弹劾而判罪者，均应免职。

第三条

第一款　合众国的司法权属于一个最高法院以及由国会随时下令设立的低级法院。最高法院和低级法院的法官，如果尽忠职守，应继续任职，并按期接受俸给作为其服务之报酬，在其继续任职期间，该项俸给不得削减。第二款

（1）司法权适用的范围，应包括在本宪法、合众国法律、和合众国已订的及将订的条约之下发生的一切涉及普通法及衡平法的案件；一切有关大使、公使及领事的案件；一切有关海上裁判权及海事裁判权的案件；合众国为当事一方的诉讼；州与州之间的诉讼，州与另一州的公民之间的诉讼，一州公民与另一州公民

之间的诉讼，同州公民之间为不同之州所让与之土地而争执的诉讼，以及一州或其公民与外国政府、公民或其属民之间的诉讼。

（2）在一切有关大使、公使、领事以及州为当事一方的案件中，最高法院有最初审理权。在上述所有其他案件中，最高法院有关于法律和事实的受理上诉权，但由国会规定为例外及另有处理条例者，不在此限。

（3）对一切罪行的审判，除了弹劾案以外，均应由陪审团裁定，并且该审判应在罪案发生的州内举行；但如罪案发生地点并不在任何一州之内，该项审判应在国会按法律指定之地点或几个地点举行。

第三款

（1）只有对合众国发动战争，或投向它的敌人，予敌人以协助及方便者，方构成叛国罪。无论何人，如非经由两个证人证明他的公然的叛国行为，或经由本人在公开法庭认罪者，均不得被判叛国罪。

（2）国会有权宣布对于叛国罪的惩处，但因叛国罪而被剥夺公权者，其后人之继承权不受影响，叛国者之财产亦只能在其本人生存期间被没收。

第四条

第一款　各州对其他各州的公共法案、记录和司法程序，应给予完全的信赖和尊重。国会应制定一般法律，用以规定这种法案、记录和司法程序如何证明以及具有何等效力。

第二款

（1）每州公民应享受各州公民所有之一切特权及豁免。

（2）凡在任何一州被控犯有叛国罪、重罪或其他罪行者，逃出法外而在另一州被缉获时，该州应即依照该罪犯所逃出之州的行政当局之请求，将该罪犯交出，以便移交至该犯罪案件有管辖权之州。

（3）凡根据一州之法律应在该州服役或服劳役者，逃往另一州时，不得因另一州之任何法律或条例，解除其服役或劳役，而应依照有权要求该项服役或劳役之当事一方的要求，把人交出。

第三款

（1）国会应准许新州加入联邦；如无有关各州之州议会及国会之同意，不得于任何州之管辖区域内建立新州；亦不得合并两州或数州或数州之一部分而成立新州。

（2）国会有权处置合众国之属地及其他产业，并制定有关这些属地及产业的一切必要的法规和章则；本宪法中任何条文，不得作有损于合众国或任何一州之权利的解释。

第四款　合众国保证联邦中的每一州皆为共和政体，保障它们不受外来的侵略；并且根据各州州议会或行政部门（当州议会不能召集时）的请求，平定其内部的暴乱。

第五条

举凡两院议员各以 2/3 的多数认为必要时，国会应提出对本宪法的修正案；或者，当现有诸州 2/3 的州议会提出请求时，国会应召集修宪大会，以上两种修正案，如经诸州 3/4 的州议会或 3/4 的州修宪大会批准时，即成为本宪法之一部分而发生全部效力，至于采用哪一种批准方式，则由国会议决；但 1808 年以前可能制定之修正案，在任何情形下，不得影响本宪法第一条第九款之第一、第四两项；任何一州，没有它的同意，不得被剥夺它在参议院中的平等投票权。

第六条

(1) 合众国政府于本宪法被批准之前所积欠之债务及所签订之条约，于本宪法通过后，具有和在邦联政府时同等的效力。

(2) 本宪法及依本宪法所制定之合众国法律；以及合众国已经缔结及将要缔结的一切条约，皆为全国之最高法律；每个州的法官都应受其约束，任何一州宪法或法律中的任何内容与之抵触时，均不得有违这一规定。

(3) 前述之参议员及众议员，各州州议会议员，合众国政府及各州政府之一切行政及司法官员，均应宣誓或誓愿拥护本宪法；但合众国政府之任何职位或公职，皆不得以任何宗教考核标准作为任职的必要条件。

第七条

本宪法经过九个州的制宪大会批准后，即在批准本宪法的各州之间开始生效。

本宪法于1787年，即美利坚合众国独立后第12年的9月17日，经出席制宪会议的各州在会上一致同意后制定。我们谨在此签名作证。

按照宪法第五条，由国会提出并经各州批准的增添和修改美利坚合众国宪法的条款。

第一条修正案〔1791〕

国会不得制定关于下列事项的法律：确立国教或禁止宗教活动自由；限制言论自由或出版自由；剥夺公民和平集会和向政府请愿申冤的权利。

第二条修正案〔1791〕

纪律严明的民兵是保障自由州的安全所必需的，因此人民持有和携带武器的权利不得侵犯。

第三条修正案〔1791〕

在和平时期，未经房主同意，士兵不得在民房驻扎；除依法律规定的方式，战时也不允许如此。

第四条修正案〔1791〕

人民的人身、住宅、文件和财产不受无理搜查和扣押的权利，不得侵犯。除依照合理根据，以宣誓或代誓宣言保证，并具体说明搜查地点和扣押的人或物，不得发出搜查和扣押状。

第五条修正案〔1791〕

无论何人，除非根据大陪审团的报告或起诉，不得受判处死罪或其他不名誉罪行之审判，但发生在陆、海军中或发生在战时或出现公共危险时服现役的民兵中的案件，不在此限。

任何人不得因同一罪行而两次遭受生命或身体的危害；不得在任何刑事案件中被迫自证其罪；不经正当法律程序，不得被剥夺生命、自由或财产。

不给予公平赔偿，私有财产不得充作公用。

第六条修正案〔1791〕

在一切刑事诉讼中，被告享有下列权利：

由犯罪行为发生地的州和地区的公正陪审团予以迅速而公开的审判，该地区应事先由法律确定；

得知被控告的性质和理由；

同原告证人对质；

以强制程序取得对其有利的证人；

取得律师帮助为其辩护。

第七条修正案〔1791〕

在普通法的诉讼中，其争执价值超过 20 元，由陪审团审判的权利应受到保护。由陪审团裁决的事实，合众国的任何法院除非按照普通法规则，不得重新审查。

第八条修正案〔1791〕

不得要求过多的保释金，不得处以过重的罚金，不得施加残酷和非常的惩罚。

第九条修正案〔1791〕

本宪法对某些权利的列举，不得被解释为否定或忽视由人民保留的其他权利。

第十条修正案〔1804〕

本宪法未授予合众国、也未禁止各州行使的权力，保留给各州行使，或保留给人民行使之。

第十一条修正案〔1798〕

合众国的司法权，不得被解释为可以扩展到受理由他州公民或任何外国公民或臣民对合众国一州提出的或起诉的任何普通法或衡平法的诉讼。

第十二条修正案〔1791〕

（1）选举人在各自州内集会，投票选举总统和副总统，其中必须至少有一人不是选举人所属州的居民。选举人须在选票上写明被选为总统之人的姓名，并在另一选票上写明被选为副总统之人的姓名。选举人须将所有被选为总统之人和所有被选为副总统之人分别开列名单，写明每人所得票数，并在该名单上签名作证，然后封印送合众国政府所在地，呈参议院议长。参议院议长在参议院和众议院全体议员面前开拆所有证明书，然后计算票数。获得总统选票最多的人，如所得票数超过所选派选举人总数的半数，即为总统。如无人获得这种过半数票，众议院应立即从被选为总统之人名单中得票最多的但不超过 3 人中间，投票选举总统。但选举总统时，以州为单位计票，每州全体代表有一票表决权。2/3 的州各有一名或多名众议员出席，即构成选举总统的法定人数，决选总统需要所有州的过半数票（当选举总统的权力转移到众议院时，如该院在次年 3 月 4 日前尚未选出总统，则由副总统代理总统，如同总统死亡或宪法规定的其他丧失任职能力的情况一样）。

（2）得副总统选票最多者，如所得票数超过所选派选举人总数的半数，即为副总统，如无人得票超过半数，参议院应从名单上得票最多的两人中选举副总统。选举副总统的法定人数由参议员总数的 2/3 构成，选出副总统需要参议员总数的过半数票。但依宪法无资格担任总统的人，也无资格担任合众国副总统。

第十三条修正案〔1865〕

第一款　在合众国境内或受合众国管辖的任何地方，奴隶制和强迫劳役都不得存在，但作为对依法判罪者犯罪之惩罚，不在此限。

第二款　国会有权以适当立法实施本条。

第十四条修正案〔1868〕

第一款　凡在合众国出生或归化合众国并受其管辖的人，均为合众国的和其居住州的公民。任何一州，都不得制定或实施限制合众国公民的特权或豁免权的任何法律；不经正当法律程序，不得剥夺任何人的生命、自由或财产；对于在其管辖下的任何人，亦不得拒绝给予平等法律保护。

第二款 众议员的名额应按各州人口比例进行分配，每州人口统计包括该州除未纳税的印第安人之外的全部人口。但在选举合众国总统和副总统选举人、国会议员、州行政和司法官员或州议会议员的任何选举中，一州的年满 21 岁并且是合众国公民的任何男性居民，如其上述选举权被剥夺或受到任何方式的限制（因参加叛乱或其他犯罪而被剥夺者除外），则该州代表权的基础，应按以上男性公民的人数占该州年满 21 岁男性公民总人数的比例核减。

第三款 无论何人，凡先前曾以国会议员，或合众国官员，或任何州议会议员，或任何州行政或司法官员的身份宣誓维护合众国宪法，以后颠覆或反叛合众国，或给予合众国敌人帮助或支援，概不得担任国会参议员或众议员或总统和副总统选举人，或担任合众国或任何州属下的任何文职或军职官员。但国会有权以两院各2 /3的票数取消此种限制。

第四款 对于法律批准的合众国公共债务，包括因支付平定作乱或反叛的有功人员的年金和奖金而产生的债务，其效力不得有所怀疑。但无论合众国或任何一州，都不得偿付或承担因援助对合众国的作乱或反叛而产生的任何债务或义务，亦不得偿付或承担因丧失或解放任何奴隶而提出的任何赔偿要求；所有这类债务、义务和要求，都应被认为是非法和无效的。

第五款 国会有权以适当立法实施本条规定。

第十五条修正案〔1870〕

第一款 合众国公民的投票权，不得因种族、肤色或曾被强迫服劳役而被合众国或任何一州加以剥夺或限制。

第二款 国会有权以适当立法实施本条。

第十六条修正案〔1913〕

国会有权对任何来源的收入规定和征收所得税，不必在各州按比例分配，也无须考虑任何人口普查或人口统计。

第十七条修正案〔1913〕

第一款　合众国参议院由每州两名参议员组成，参议员由本州人民选举，任期6年；每名参议员各有一票表决权。每个州的选举人应具备该州州议会人数最多一院选举人所需具备之资格。

第二款　任何一州在参议院的代表出现缺额时，该州行政当局应发布选举令，以填补此项缺额，但任何一州的议会应授权该州行政长官，在人民依该议会指示举行选举填补缺额以前，任命临时参议员。

第三款　对本条修正案的解释不得影响在本条修正案作为宪法的一部分生效以前当选的任何参议员的选举或任期。

第十八条修正案〔1919〕

第一款　本条批准一年后，禁止在合众国及其管辖下的一切领土内酿造、出售或运送作为饮料的致醉酒类；禁止此类酒类输入或输出合众国及其管辖下的一切领土。

第二款　国会和各州都有权以适当立法实施本条。

第三款　本条除非在国会将其提交各州之日起7年以内，由各州议会按本宪法规定批准为宪法修正案，不得发生效力。

第十九条修正案〔1920〕

第一款　合众国公民的选举权，不得因性别而被合众国或任何一州加以剥夺或限制。

第二款　国会有权以适当立法实施本条。

第二十条修正案〔1933〕

第一款　本条未获批准前，总统和副总统的任期在原定任期届满之年的1月20日正午结束，参议员和众议员的任期在本条未获批准前原定任期届满之年的 1 月 3 日正午结束，他们继任人的任期在同时开始。

第二款　国会应每年至少开会一次，除国会以法律另订日期外，此会议在 1 月 3 日正午开始。

第三款　如当选总统在规定总统任期开始的时间之前亡故，当选副总统应成为总统。如在规定总统任期开始的时间以前，总统尚未选出，或当选总统不合乎资格，则当选副总统应代理总统直到产生一名合乎资格的总统时为止。在当选总统和当选副总统都不合乎资格时，国会得以法律规定代理总统之人，或宣布选出代理总统的办法。此人应代理总统直到产生一名合乎资格的总统或副总统时为止。

第四款　国会应以法律对以下情况作出规定：在选举总统的权利转移到众议院时，可被该院选为总统的人中有人死亡；在选举副总统的权利转移到参议院时，可被该院选为副总统的人中有人死亡。

第五款　第一款和第二款应在本条批准以后的 10 月 15 日生效。

第六款　本条除非在其提交各州之日起 7 年以内，由 3 /4 州议会批准为宪法修正案，不得发生效力。

第二十一条修正案〔1933〕

第一款　美利坚合众国宪法第十八条修正案现予废除。

第二款　在合众国任何州、准州或属地内，凡违反当地法律为在当地发货或使用而运送或输入致醉酒类，均予以禁止。

第三款　本条除非在国会将其提交各州之日起 7 年以内，由各州修宪会议依本宪法规定批准为宪法修正案，不得发生效力。

第二十二条修正案〔1951〕

第一款　无论何人，当选担任总统职务不得超过两次；无论何人，在他人当选总统任期内担任总统职务或代理总统两年以上，不得当选担任总统职务一次以上。但本条不适用于在国会提出本条时正在担任总统职务的任何人；也不妨碍在本条生效时正在担任总统职务或代理总统的任何人在一届任期结束前的时间里继续担任总统职务或代理总统。

第二款　本条除非在国会将其提交各州之日起 7 年以内，由 3 /4 州议会批准为宪法修正案，不得发生效力。

第二十三条修正案〔1961〕

第一款　作为合众国政府所在地的特区，应依国会规定方式选派：一定数目的总统和副总统选举人，其数目等于把特区看作一个州时，它在国会中有权拥有的参议员和众议员人数的总和，但决不得超过人口最少之州的选举人人数。他们是在各州所选派的选举人以外增添的人，但为了选举总统和副总统的目的，应被视为一个州选派的选举人；他们在特区集会，履行第十二条修正案所规定的职责。

第二款　国会有权以适当立法实施本条。

第二十四条修正案〔1964〕

第一款　在总统或副总统，总统或副总统选举人或国会参议员或众议员的任何预选或其他选举中，合众国公民的选举权不得因未交纳人头税或其他税而被合众国或任何一州加以剥夺或限制。

第二款　国会有权以适当立法实施本条。

第二十五条修正案〔1967〕

第一款　如遇总统被免职、亡故或辞职，副总统应成为总统。

第二款　凡当副总统职位出缺时，总统应提名一名副总统，经国会两院都以过半数票批准后就职。

第三款 凡当总统向参议院临时议长和众议院议长提交书面声明，称他不能够履行其职务的权力和责任，直至他向他们提交一份内容与此相反的声明为止，其权力和责任应由副总统作为代理总统履行。

第四款 凡当副总统和行政各部主官的多数或国会通过法律设立的其他机构成员的多数，向参议院临时议长和众议院议长提交书面声明，称总统不能够履行总统职务的权力和责任时，副总统应立即作为代理总统承担总统职务的权力和责任。此后，当总统向参议院临时议长和众议院议长提交书面声明，称丧失能力的情况不存在时，他应恢复总统职务的权力和责任，除非副总统和行政各部主官的多数或国会通过法律设立的其他机构成员的多数在 4 天之内向参议院临时议长和众议院议长提交书面声明，称总统不能够履行总统职务的权力和责任。在这种情况下，国会应对此问题做出裁决，如在休会期间，应为此目的在 48 小时以内集会。如果国会在收到后一书面声明后的 21 天之内，或者如果国会因适逢休会而按照要求专门为此目的集会以后的 21 天之内，以两院2 /3的票数决定总统不能够履行总统职务的权力和责任，则副总统应继续作为代理总统履行总统职务的权力和责任；否则总统应恢复总统职务的权力和责任。

第二十六条修正案〔1971〕

第一款 年满 18 岁或 18 岁以上的合众国公民的选举权，不得因为年龄而被合众国或任何一州加以剥夺或限制。

第二款 国会有权以适当立法实施本条。

第二十七条修正案

改变参议员和众议员服务报酬的法律，在众议员选举举行之前不得生效。

16. 联邦党人文集，第一篇 & 第二篇 (1787)

【在起草宪法至其得到批准的这段时间，《独立日报》和《纽约邮报》上刊登了名为《联邦党人文集》的八十五篇系列论文，并以此作为政府新型管理手段的解释和辩护。其中大多数文章由汉密尔顿所作，二十五篇出自麦迪逊（他的大部分作品都在宪法中得以体现），五篇来自杰伊。这是一部非同凡响的政论巨著，同时在支持新宪法的批准方面发挥了巨大作用。】

联邦党人文集　为《独立日报》撰写
第一篇　亚历山大·汉密尔顿

致纽约州人民：

对目前邦联政府的无能有了无可置疑的经验以后，要请你们为美利坚合众国慎重考虑一部新的宪法。这个问题本身就能说明它的重要性：因为它的后果涉及联邦的生存、联邦各组成部分的安全与福利，以及一个在许多方面可以说是世界上最引人注意的帝国的命运。时常有人指出，似乎有下面的重要问题留待我国人民用他们的行为和范例来求得解决：人类社会是否真正能够通过深思熟虑和自由选择来建立一个良好的政府，还是他们永远注定要靠机遇和武力来决定他们的政治组织。如果这句话不无道理，那么我们也许可以理所当然地把我们所面临的紧要关头当作是应该做出这项决定的时刻。由此看来，假使我们选错自己将要扮演的角色，那就应当认为是全人类的不幸。

这个想法会在爱国心的动机之外又增加关怀人类的动机，以提高所有思虑周到的善良人士对这事件的关切心情。如果我们的选择取决于对我们真正利益的明智估计，而不受与公共利益无关的事实的迷惑和影响，那就万分幸运了。但这件事情与其说是可以认真预期，还不如说是只能热切希望而已。提供给我们审议的那个计划，要影响太多的私人利益，要改革太多的地方机构，因此在讨论中必然会涉及与计划的是非曲直无关的各种事物，并且激起对寻求真理不利的观点、情感和偏见。

在新宪法必然会碰到的最大障碍中，可以很容易地发现下列情况：每一州都有某一类的人，他们的明显利益在于反对一切变化，因为那些变化有可能减少他们在州政府中所任职位的权力、待遇和地位；另外还有一类人，他们出于不正常的野心，或者希望趁国家混乱的机会扩大自己的权力，或者认为，对他们来说在国家分为几个部分邦联政府的情况下，要比联合在一起有更多向上爬的机会。

然而，对于有这种性格的人，我并不打算详述我的意见。我清楚知道，不分青红皂白，随便将哪一路人的反对（仅仅因为他们所处地位会使他们可疑）都归结于利益或野心，不是实事求是的。天公地道，我们必须承认，即使那样的人也会为正当目的所驱使。毋庸置疑，对于已经表示或今后可能表示的反对，大多数的出发点即使不值得敬佩，至少也无可厚非，这是先入为主的嫉妒和恐惧所造成的正常的思想错误。使判断产生错误偏向的原因的确很多，并且也很有力量，以致我们往往可以看到聪明而善良的人们，在对待社会最重要的问题上既有站在正确的一边，也有站在错误的一边。这一情况如果处理得当，可以给那些在任何争论中非常自以为是的人提供一个遇事实行节制的教训。在这方面，还有一个值得注意的理由，是从以下考虑得来的：我们往往不能肯定，那些拥护真理的人在原理上受到的影响是否比他们的对立面更为纯洁。野心、贪婪、私仇、党派的对立，以及其他许多比这些更不值得称赞的动机，不仅容易对反对问题正确一面的人起作用，也容易对支持问题正确一面的人起作用。假使连这些实行节制的动机都不存在，那么再也没有比各种政党一向具有的不能容忍的精神更不明智了。因为在政治上，如同在宗教上一样，要想用火与剑迫使人们改变信仰，是同样荒谬的。两者的异端，很少能用迫害来消除。

然而，无论这些意见被认为是多么确凿有理，我们已有充分征兆可以预测，在这次讨论中，将会发生和以前讨论一切重大国家问题时相同的情况。愤怒和恶意的激情会像洪流似的奔放。从对立党派的行为判断，我们会得出这样的结论：他们会共同希望表明自己意见的正确性，而且用慷慨激昂的高声演说和尖酸刻薄的谩骂来增加皈依者的人数。明智而热情地支持政府的权能和效率，会被诬蔑为出于爱好专制权力，反对自由原则。对人民权利的威胁过于谨慎的防范——这通常是理智上的过错，而不是感情上的过错——却被说成只是托词和诡计，是牺牲公益沽名钓誉的陈腐钓饵。一方面，人们会忘记，妒忌通常伴随着爱情，自由的崇高热情容易受到狭隘的怀疑精神的影响。另一方面，人们同样会忘记，政府的力量是保障自由不可缺少的东西；要想正确而精明地判断，它们的利益是不可分的；危险的野心多半为热心于人民权利的漂亮外衣所掩盖，很少用热心拥护政府坚定而有效率的严峻面孔作掩护。历史会教导我们，前者比后者更加必然地导致专制道路；在推翻共和国特许权的那些人当中，大多数是以讨好人民开始发迹的，他们以蛊惑家开始，以专制者告终。

同胞们，在以上的论述中，我已注意到使你们对来自任何方面的用没有事实根据的印象来影响你们在极为迫切的福利问题上做出决定的一切企图，加以提防。毫无疑问，你们同时可以从我在以上论述的总的看法中发现，他们对新宪法并无敌意。是的，同胞们，我承认我对新宪法慎重考虑以后，明确认为你们接受它是有好处的。我相信，这是你们争取自由、尊严和幸福的最可靠的方法。我不必故作有所保留。当我已经决定以后，我不会用审慎的姿态来讨好你们。我向你们坦率承认我的信仰，而且直率地向你们申述这些信仰所根据的理由。我的意图是善良的，我不屑于含糊其词，可是对这个题目我不想多作表白。我的动机必须保留在我自己的内心里。我的论点将对所有的人公开，并由所有的人来判断。至少这些论点是按照无损于真理本意的精神提出的。

我打算在一系列的论文中讨论下列令人感兴趣的问题：联邦对你们政治繁荣的裨益，目前的邦联不足以维持联邦，为了维持一个至少需要同所建议的政府同样坚强有力的政府；新宪法与共和政体真正原则的一致，新宪法与你们的州宪法是相类似的，以及，通过新宪法对维持那种政府、对自由和财产的进一步保证。

在这次讨论过程中，我将要尽力给可能出现、并且可能引起你们注意的所有反对意见提出满意的答复。

也许有人认为，论证联邦的裨益是多余的，这个论点无疑地已为各州大部分人民铭记在心，可以设想，不致有人反对。但是事实上，我们已经听到在反对新宪法的私人圈子里的私下议论说：对任何一般性制度来说，十三个州的范围过于广阔，我们必须依靠把整体分为不同部分的独立邦联：这种说法很可能会逐渐传开，直到有足够的赞成者，同意公开承认为止。对于能够高瞻远瞩的人来说，再也没有比这一点更为明显了：要么接受新宪法，要么分裂联邦。因此首先分析联邦的裨益以及由于联邦分裂各州会暴露出来的必然弊病和可能的危险，是有用的。因此这点将成为我下一篇论文的题目。

联邦党人文集　为《独立日报》撰写
第二篇　约翰·杰伊

致纽约州人民：

当美国人民想到现在要请他们决定一个结果必然成为引起他们注意的最重要的问题时，他们采取全面而严肃的主张显然是适宜的。

再没有比政府的必不可少这件事情更加明确了；同样不可否认，一个政府无论在什么时候组织和怎样组织起来，人民为了授予它必要的权力，就必须把某些天赋权利转让给它。

因此，值得考虑的是，究竟哪种办法对美国人民更为有利：他们在一个联邦政府治下，对于总的目的说来，应当成为一个国家；还是分为几个独立的邦联，把全国政府的同样权力授予每个邦联的首脑。

直到最近，有这样一种公认的、毫无异议的意见：美国人民的幸福，有赖于他们持续不断地牢固团结，而我们最优秀、最聪明的公民们的希望、愿望和努力，也是经常朝着这个目标的。但是现在出现了一些政治家，他们坚持认为这个意见是错误的，还认为我们不要在联合中寻求安全和幸福，而应该把各州分为不同的联邦或独立国，在这种体制内寻求这些东西。这种新说法无论怎样离奇，但仍有人拥护；有些人从前对此非常反对，现在却也加入赞成者的行列了。不论使这些先生们的思想和言论产生这种变化的论据或动机是什么，一般人民在没有确信这些新的政见是以真理和正确的政策为基础时，就去接受它们，那肯定是不明智的。

我常常感到欣慰的是，我认识到独立的美国不是由分散和彼此远隔的领土组成，而是一个连成一片、辽阔肥沃的国家，是西方自由子孙的一部分。上帝特别赐给它各种土壤和物产，并且用无数河流为它灌溉，使它的居民能安居乐业。连接一起的通航河流，围绕边界形成一种链条，就像把这个国家捆绑起来一样。而世上最著名的几条河流，距离适当，为居民们提供友好帮助互相来往和交换各种商品的便利通道。

我同样高兴的是，我经常注意到，上帝乐于把这个连成一片的国家赐予一个团结的人民——这个人民是同一祖先的后裔，语言相同，宗教信仰相同，隶属于政府的同样原则，风俗习惯非常相似；他们用自己共同的计划、军队和努力，在一次长期的流血战争中并肩作战，光荣地建立了全体的自由和独立。

这个国家和这种人民似乎是互相形成的，这似乎是上帝的计划，就是说，对于被最坚韧的纽带联合在一起的同胞来说，这份非常合适和方便的遗产，决不应当分裂为许多互不交往、互相嫉妒和互不相容的独立国。

迄今，在各个阶层和各个派别的人们当中，仍然流传着同样的意见。总的说来，我们是一个和谐如一的民族，每个公民享有同样的国民权利、特权并且受到保护。作为一个国家，我们创造过和平，也打过仗；作为一个国家，我们消灭了共同的敌人；作为一个国家，我们同外国结成联盟，签订条约、合同和公约。

对于联合的价值和幸福所产生的强烈意识，很早就诱使人民去建立一个联邦政府来保持这种联合，并使之永远存在下去。他们建立这种政府差不多是在政治上刚刚存在的时候；不，是在居民们正被烈火燃烧的时候，是在许多同胞正在流血的时候，是战争和破坏正在进行、无暇在为自由人民组织明智而正常的政府以前必须进行冷静地探索和成熟地思考的时候。在如此不祥的时候组成的政府，在实践上发现许多缺陷不足以符合原定的目的，这是不足为奇的。

我们智慧的人民发觉这些缺陷，深感惋惜。由于对联合和自由依然有同样的爱好，所以他们认为立即会有威胁前者的危险，在遥远的时候就会威胁后者。由于相信只有在一个比较明智的组成的全国政府中才能为二者找到充分保证，所以他们一致同意召开最近的费城制宪会议，来考虑这个重要问题。

会议担负了这项艰巨的任务，参加的成员，都是取得人民信任的人物，很多人是在考验人们的意志和感情的时刻以爱国精神、品德和智慧而出名的。他们在平静的和平时期，头脑里不思考其他问题，几个月来，逐日进行连续不断的、冷静的协商。他们除了对国家的热爱，没有受到任何权力的威胁或任何感情的影响，最后把他们共同努力和全体一致同意而产生的方案提供给人民，并向人民推荐。

由于事实如此，所以要承认这个方案只是推荐，不是强加于人。然而也要记住，这既不是要盲目批准，也不是要盲目否定。而是要进行认真而坦率的考虑，这是这个问题的重要性的需要，而且应当得到这样的考虑。但是，对这个问题能够得到这样的考虑和研究（如本文所指出的），与其说可以期待，不如说只能期望而已。前一次情况的经验告诉我们，对这种希望不能过于乐观。人们还没有忘记，由于充分理解到迫切的危险，美国人民才组成了著名的 1774 年的大陆会议。这个机构把一些措施介绍给选民，事实证明了他们的智慧。然而不久，报纸、小册子和各种周刊就群起反对这些措施，这种情况我们记忆犹新。不仅许多专为个人利益打算的政府官员，而且还有其他一些人或者出于对结果的错误估计，或者由于迷恋过去的不正当影响，或者由于其野心的目的不符合公共利益，他们都在不屈不挠地作出努力，说服人民反对这个爱国会议的建议。的确，有许多人受骗上当，但绝大多数人通情达理，而且做出了明智的决定。他们回想起自己这种做法是很高兴的。

他们考虑到，大陆会议是由许多明智和有经验的人组成的。这些人来自全国四面八方，带来了各种有用的情况，而且互相进行了交换。在他们一起研究和讨论本国的真正利益的那段时间内，他们必然会得到有关这个问题的非常准确的知识。他们每个人非常关心公众的自由和幸福，因此他们的爱好和责任同样会使他们经过深思熟虑以后，只推荐那些自己真正认为慎重而可取的措施。

这些和诸如此类的考虑，当时促使人民非常信任大陆会议的判断和诚实。尽管有人使用各种策略和手腕来阻止他们接受会议的建议。他们还是接受了。如果一般人民有理由信任参加大陆会议的人（其中完全经过考验或一般知名的人寥寥无几），那么他们现在有更多的理由来尊重这次制宪会议的判断和建议，因为大家知道，那次大陆会议的一些最著名的成员也是这次制宪会议的成员；他们经过了考验，并以自己的爱国精神和才干得到公认；他们的政治知识已臻成熟，他们把累积的知识和经验带到了这次会上。

值得注意的是，不仅是第一届大陆会议，而且以后的各届国会，以及最近的制宪会议，都和人民共同认为，美国的繁荣取决于自己的联合。保持全国的联合并使之永存，就是人民召开这次会议的伟大目的，也是会议建议人民接受这个草案的重大目的。因此，有些人在这个特别时期企图贬低联合的重要性，难道有什么正当理由和善意的目的吗？为什么有人提出三四个联邦要比一个好呢？我相信，在这个问题上人民的考虑一向是正确的，他们对联合事业普遍一致的向往，是有重大理由作为根据的，我将在以后的一些论文中对这些理由加以发挥和说明。那些主张用几个不同的联邦代替制宪会议草案的人，似乎清楚地预料到，否决这个草案会使联合继续处于极大的危险状态。事情必然如此，所以我真诚地希望，正如每个善良的公民清楚预料的那样，联合一旦瓦解，美国将有理由引用诗人的名言高呼："再见吧！永远再见吧！我的伟大的一切。"

17. 华盛顿第一次就职演说
（1789）

【在根据宪法所举行的第一次选举中，制定宪法的大会主席乔治·华盛顿，毫无异议地当选为美国第一任总统。1789 年 4 月 30 日，他的就职演说在坐落于纽约华尔街的联邦国家纪念堂发表。】

参议院和众议院的同胞们：

在人生沉浮中，没有一件事能比本月 14 日收到根据你们的命令送达的通知更使我焦虑不安，一方面，国家召唤我出任此职，对于她的召唤，我永远只能肃然起敬；而隐退是我以挚爱心情、满腔希望和坚定的决心选择的暮年归宿，由于爱好和习惯，且时光流逝，健康渐衰，时感体力不济，愈觉隐退之必要和可贵。另一方面，国家召唤我担负的责任如此重大和艰巨，足以使国内最有才智和经验的人度德量力，而我天资愚钝，又无民政管理的实践，理应倍觉自己能力之不足，因而必然感到难以肩此重任。怀着这种矛盾心情，我唯一敢断言的是，通过正确估计可能产生影响的各种情况来恪尽职责,乃是我忠贞不渝的努力目标。我唯一敢祈望的是,如果我在执行这项任务时因陶醉于往事,或因由衷感激公民们对我的高度信赖,因而受到过多影响,以致在处理从未经历过的大事时,忽视了自己的无能和消极,我的错误将会由于使我误入歧途的各种动机而减轻,而大家在评判错误的后果时,也会适当包涵产生这些动机的偏见。

既然这就是我在遵奉公众召唤就任现职时的感想,那么,在此宣誓就职之际,如不热忱地祈求全能的上帝就极其失当,因为上帝统治着宇宙,主宰着各国政府,它的神助能弥补人类的任何不足,愿上帝赐福,保佑一个为美国人民的自由和幸福而组成的政府,保佑它为这些基本目的而做出奉献,保佑政府的各项行政措施在我负责之下都能成功地发挥作用。我相信,在向公众利益和私人利益的伟大缔造者献上这份崇敬时,这些话也同样表达了各位和广大公民的心意。没有人能比美国人更坚定不移地承认和崇拜掌管人间事务的上帝。他们在迈向独立国家的进程中,似乎每走一步都有某种天佑的迹象。他们在刚刚完成的联邦政府体制的重大改革中,如果不是因虔诚的感恩而得到某种回报,如果不是谦卑地期待着过去有所预示的赐福的到来,那么,通过众多截然不同的集团的平静思考和自愿赞同来完成改革,这种方式是不能与大多数政府的组建方式同日而语的。在目前转折关头,我产生这些想法确实是深有所感而不能自已,我相信大家会和我怀有同感,即除了仰仗上帝的力量,一个新生的自由政府别无他法能一开始就事事顺利。

根据设立行政部门的条款,总统有责任"将他认为必要而妥善的措施提请国会审议"。但在目前与各位见面的这个场合,恕我不进一步讨论这个问题,而只提一下伟大的宪法,它使各位今天聚集一堂，它规定了各位的权限，指出了各位应该注意的目标。在这样的场合，更恰当、也更能反映我内心激情的做法是不提出具体措施，而是称颂将要规划和采纳这些措施的当选者的才能、正直和爱国心。我从这些高贵品格中看到了最可靠的保证：其一，任何地方偏见或地方感情，任何意见分歧或党派敌视，都不能使我们偏离全局观点和公平观点，即必须维护这个由不同地区和利益所组成的大联合；因此，其二，我国的政策将会以纯洁而坚定的个人道德原则为基础，而自由政府将会以此赢得民心和全世界尊敬的一切特点而显示其优越性。

我对国家的一片热爱之心激励着我满怀喜悦地展望这幅远景，因为根据自然界的构成和发展趋势，在美德与幸福之间，责任与利益之间，恪守诚实宽厚的政策与获得社会繁荣幸福的硕果之间，有着密不可分的统一；因为我们应该同样相信，上帝亲自规定了永恒的秩序和权利法则，它绝不可能对无视这些法则的国家慈祥地加以赞许；因为人们理所当然地、满怀深情地、也许是最后一次把维护神圣的自由之火和共和制政府的命运，系于美国人所遵命进行的实验上。

除了你们所关心的最初目标，宪法第五修正案的临时权力能行使到什么程度也将会是在你们的判断下所决定的。第五修正案被认为是在极力反对系统的阻碍或是给予他们生命的担忧程度的现实情况下的权宜之计。不是承担在这种目的下的特殊要求，我也不会在没有源于正式的机会之光下所被指引，在你们的监督和对公众幸福的追求下，我将会用全部自信给你们一个交代。我保证，我们同时会谨慎地避免每一个可能威胁到这个统一又有效率的政府利益的抉择，或是对未来的期待，对自由权力的崇敬，对公共和谐的尊重将充分地影响你们在此问题上的思考。前者能被坚定不移地加强多少或是后者安全地有利地被促进多少？

对于上述言论我还有一点需要补充，这最适合对众议院说。就我而言，当然是越简洁越好了。当我第一次被任命为国家总统，努力争取国家自由时，我就一直在思考我所必需的责任——我应该放弃每一份应得的报酬。出于这个决定，我发誓在任何情况下都不违背。在产生的这种影响下，我必须谢绝那些包括为立法机构所制定的条款不相干的任何份额。也因此相应地恳求，在我继续任职期间，我所制定的国家奖罚预算，应根据公众福利所要求的给予限制。

我已将有感于这一聚会场合的想法奉告各位，现在我就要向大家告辞。但在此以前，我要再一次以谦卑的心情祈求仁慈的上帝给予帮助。因为承蒙上帝的恩赐，美国人有了深思熟虑的机会，以及为确保联邦的安全和促进幸福，用前所未有的一致意见来决定政府体制的意向。因而，同样明显的是，上帝将保佑我们扩大眼界，心平气和地进行协商，并采取明智的措施，而这些都是本届政府取得成功所必不可少的依靠。

18. 华盛顿告别演说
（1796）

【"我们重新选举一位公民来主持美国政府的行政工作，已为期不远。此时此刻，大家必须运用思想来考虑这一重任付托给谁。因此，我觉得我现在应当向大家声明，尤其因为这样做有助于使公众意见获得更为明确的表达，那就是我已下定决心，谢绝将我列为候选人。"】

关于我最初负起这个艰巨职责时的感想，我已经在适当的场合说过了。现在辞掉这一职责时，我要说的仅仅是，我已诚心诚意地为这个政府的组织和行政，贡献了我这个判断力不足的人的最大力量。就任之初，我并非不知我的能力薄弱，而且我自己的经历更使我缺乏自信，这在别人看来，恐怕更是如此。年事日增，使我越来越认为，退休是必要的，而且是会受欢迎的。我确信，如果有任何情况促使我的服务具有特别价值，那种情况也只是暂时的。所以我相信，按照我的选择并经慎重考虑，我应当退出政坛，而且，爱国心也容许我这样做，这是我引以为慰的。

讲到这里，我似乎应当结束讲话。但我对你们幸福的关切，虽于九泉之下也难以割舍。由于关切，自然对威胁你们幸福的危险忧心忡忡。这种心情，促使我在今天这样的场合，提出一些看法供你们严肃思考，并建议你们经常重温。这是我深思熟虑和仔细观察的结论，而且在我看来，对整个民族的永久幸福有着十分重要的意义。

你们的心弦与自由息息相关，因此用不着我来增强或坚定你们对自由的热爱。

政府的统一，使大家结成一个民族，现在这种统一也为你们所珍视。这是理所当然的，因为你们真正的独立，仿佛一座大厦，而政府的统一，乃是这座大厦的主要柱石：它支持你们国内的安定，国外的和平；支持你们的安全，你们的繁荣，以及你们如此重视的真正自由。然而不难预见，曾有某些力量试图削弱大家心里对于这种真理的信念，这些力量的起因不一，来源各异，但均将煞费苦心，千方百计地产生作用。其所以如此，乃因统一是你们政治堡垒中一个重点，内外敌人的炮火，会最持续不断地和加紧地（虽然常是秘密地与阴险地）进行轰击。因此，最重要的乃是大家应当正确估计这个民族团结对于集体和个人幸福所具有的重大价值；大家应当对它抱着诚挚的、经常的和坚定不移的忠心；你们在思想和言语中要习惯于把它当作大家政治安全和繁荣的保障；要小心翼翼地守护它。如果有人提到这种信念在某种情况下可以抛弃，即使那只是猜想，也不应当表示支持。如果有人企图使我国的一部分脱离其余部分，或想削弱现在联系各部分的神经纽带，在其最初出现时，就应当严加指责。

对于此点，你们有种种理由加以同情和关怀。既然你们因出生或归化而成为同一国家的公民，这个国家就有权集中你们的情感。美国人这个名称来自你们的国民身份，它是属于你们的；这个名号，一定会经常提高你们爱国的光荣感，远胜任何地方性的名称。在你们之间，除了极细微的差别外，有相同的宗教、礼仪、习俗与政治原则。你们曾为同一目标而共同奋斗，并且共同获得胜利。你们所得到的独立和自由，乃是你们群策群力，同甘苦、共患难的成果。

尽管这些理由是多么强烈地激发了你们的感情，但终究远不及那些对你们有更直接利害关系的理由。全国各地都可以看到强烈的愿望，要求精心维护和保持联邦制。

北方在与受同一政府的平等法律保护的南方自由交往中，发现南方的产品为航海业和商业提供了极其丰富的资源，为制造业提供了十分宝贵的原料。与此相同，南方在与北方交往时，也从北方所起的作用中获益不浅，农业得到了发展，商业得到了扩大。南方将部分北方海员转入自己的航道，使南方的航运业兴旺了起来。尽管南方在各方面都对全国航运业的繁荣和发展有所贡献，但它期望得到海上力量的保护，目前它的海上力量相对说来太薄弱了。东部在与西部进行类似的交往中，发现西部是东部自国外输入商品和在国内制造的商品的重要信道，而这个信道将随着内地水陆交通的不断改善而日趋重要。西部则从东部得到发展和改善生活所必不可少的物资供应；也许更重要的是，西部要确保其产品出口的必要渠道，必须靠联邦的大西洋一侧的势力、影响和未来的海上力量，而这需要把西部看成一个国家，有着不可分割的利害关系。西部如要靠其他任何方式来保护这种重要的优越地位，无论是单靠自己一方的力量，或是靠与外国建立背叛原则和不正常的关系，从本质上来看都是不牢靠的。

由此可见，我国各部分都从联合一致中感觉到直接的和特殊的好处，而把所有各部分联合在一起，人们会从手段和力量之大规模结合中，找到更大力量和更多资源，在抵御外患方面将相应地更为安全，而外国对它们和平的破坏也会减少。具有无可估量的价值的是，联合一致必然会防止它们自身之间发生战争。这种战争不断地折磨着相互邻接的国家，因为没有统一的政府把它们连成一气。这种战事，仅由于它们彼此之间的互相竞争，即可发生，如果与外国有同盟、依附和阴谋串通的关系，则更会进一步激发和加剧这种对抗。因此，同样地，它们可以避免过分发展军事力量，这种军事力量，在任何形式的政府之下，都是对自由不利的，而对共和国的自由，则应视为尤具敬意。就这个意义而言，应把你们的联合一致看作是你们自由的支柱，如果你们珍惜其中一个，也就应当保存另一个。

你们是否怀疑一个共同的政府能够管辖这么大的范围？把这个问题留待经验来解决吧。对付这样一个问题单纯听信猜测是错误的。在这种情况下，非常值得进行一次公平和全面的实验。要求全国各地组成联邦的愿望是如此强烈和明显，因此，在实践尚未表明联邦制行不通时，试图在任何方面削弱联邦纽带的人，我们总是有理由怀疑他们的爱国心的。

在研究那些可能扰乱我们联邦的种种原因时，使人想到一件至关重要的事，那就是以地域差别——北方与南方、大西洋与西部——为根据来建立各种党派；因为那些心怀不轨的人可能力图借此造成一种信念，以为地方间真的存在着利益和观点的差异。一个党派想在某些地区赢得影响力而采取的策略之一，是歪曲其他地区的观点和目标。这种歪曲引起的妒忌和不满，是防不胜防的，使那些本应亲如兄弟的人变得互不相容。

为了使你们的联合保持效力和持久，一个代表全体的政府是不可少的。各地区结成联盟，不论怎样严密，都不能充分代替这样的政府。这种联盟一定会经历古往今来所有联盟的遭遇，即背约和中断。由于明白这个重要的事实，所以大家把最初的文件加以改进，通过了一部胜过从前的政府宪法，以期密切联合，更有效地管理大家的共同事务。这个政府，是我们自己选择的，不曾受人影响，不曾受人威胁，是经过全盘研究和缜密考虑而建立的，它的原则和它的权力的分配，是完全自由的，它把安全和力量结合起来，而其本身则包含着修正其自身的规定。这样一个政府有充分理由要求你们的信任和支持。尊重它的权力，服从它的法律，遵守它的措施，这些都是真正自由的基本准则所构成的义务。我们政府体制的基础，乃是人民有权制定和变更他们政府的宪法。

可是宪法在经全民采取明确和正式的行动加以修改以前，任何人对之都负有神圣的义务。人民有建立政府的权力与权利，这一观念乃是以每人有责任服从所建立的政府为前提的。

要保存你们的政府，要永久维持你们现在的幸福状态，你们不仅不应支持那些不时发生的跟公认的政府权力相敌对的行为，而且对那种要改革政府原则的风气，即使其借口看似有理，亦应予以谨慎的抵制。他们进攻的方法之一，可能是采取改变宪法的形式，以损害这种体制的活力，从而把不能直接推翻的东西，暗中加以破坏。在你们可能被邀参与的所有变革中，你们应当记住，要确定政府的真正性质，正如确定人类其他体制一样，时间和习惯至少是同样重要的。应当记住，要检验一国现存政体的真正趋势，经验是最可靠的标准，应当记住，仅凭假设和意见便轻易变更，将因假设和意见之无穷变化而招致无穷的变更，还要特别记住，在我们这样辽阔的国度里，要想有效地管理大家的共同利益，一个活力充沛的、并且能充分保障自由的政府是必不可少的。在这样一个权力得到适当分配和调节的政府里，自由本身将会从中找到它最可靠的保护者。如果一个政府力量过弱，经不住朋党派系之争，不能使社会每一分子守法，和能维持全体人民安全而平静地享受其人身和财产权利，那么，这个政府只是徒有虚名而已。

我已经提醒你们，在美国存在着党派分立的危险，并特别提到按地域差别来分立党派的危险。现在让我从更全面的角度，以最严肃的态度概略地告诫你们警惕党派思想的恶劣影响。

不幸的是，这种思想与我们的本性是不可分割的，并扎根于人类脑海里最强烈的欲望之中。它以各种不同的形式存在于所有政府机构里，尽管多少受到抑制、控制或约束。但那些常见的党派思想的形式，往往是最令人讨厌的，并且确实是政府最危险的敌人。

它往往干扰公众会议的进行，并削弱行政管理能力。它在民众中引起无根据的猜忌和莫须有的惊恐；挑拨派系对立；有时还引起骚动和叛乱。它为外国影响和腐蚀打开方便之门。外国影响和腐蚀可以轻易地通过派系倾向的渠道深入到政府机构中来。这样，一个国家的政策和意志就会受到另一个国家政策和意志的影响。

有一种意见，认为自由国家中的政党，是对政府施政的有效牵制，有助于发扬自由精神。在某种限度内，这大概是对的；在君主制的政府下，人民基于爱国心，对于政党精神即使不加祖护，亦会颇为宽容。但在民主性质的纯属选任的政府下，这种精神是不应予以鼓励的。从其自然趋势看来，可以肯定，在每一种有益的目标上，总是不乏这种精神的。但这种精神常有趋于过度的危险，因此应当用舆论的力量使之减轻及缓和。它是一团火，我们不要熄灭它，但要一直警惕，以防它火焰大发，变成不是供人取暖的，而是贻害于人的。

还有一项同样重要的事，就是一个自由国家的思想习惯，应当做到使那些负责行政的人保持警惕，把各自的权力局限于宪法规定的范围内，在行使一个部门的权力时，应避免侵犯另一个部门的权限。这种越权精神倾向于把所有各部门的权力集中于某一部门，因而造成一种真正的专制主义，姑不论其政府的形式如何。

如果民意认为，宪法上的权限之分配或修改，在某方面是不对的，我们应当照宪法所规定的办法予以修改。但我们不可用篡权的方式予以更改；因为这种方法，可能在某一件事上是有效的手段，但自由政府也常会被这种手段毁灭。所以使用这种方法，有时虽然可以得到局部的或一时的好处，但此例一开，一定抵不过它所引起的永久性危害的。

在导致昌明政治的各种精神意识和风俗习惯中，宗教和道德是不可缺少的支柱。一个竭力破坏人类幸福的伟大支柱——人类与公民职责的最坚强支柱——的人，却妄想别人赞他爱国，必然是白费心机的。政治家应当同虔诚的人一样，尊敬和爱护宗教与道德。宗教与道德同个人福利以及公共福利的关系，即使写一本书也说不完。我们只要简单地问，如果宗教责任感不存在于法院赖以调查事件的宣誓中，那么，哪能谈得上财产、名誉和生命的安全呢？而且我们也不可耽于幻想，以为道德可不靠宗教而维持下去。高尚的教育，对于特殊构造的心灵，尽管可能有所影响，但根据理智和经验，不容许我们期望，在排除宗教原则的情况下，道德观念仍能普遍存在。

有一句话大体上是不错的，那就是：道德是民意所归的政府所必需的原动力。这条准则可或多或少地适用于每一种类型的自由政府。凡是自由政府的忠实朋友，对于足以动摇它组织基础的企图，谁能熟视无睹呢？因此，请大家把普遍传播知识的机构当作最重要的目标来加以充实提高。政府组织给舆论以力量，舆论也应相应地表现得更有见地，这是很重要的。

我们应当珍视国家的财力，因为这是力量和安全的极为重要的泉源。保存财力的办法之一是尽量少动用它，并维护和平以避免意外开支。但也要记住，为了防患于未然而及时拨款，往往可以避免支付更大的款项来消弭灾祸。同样，我们要避免债台高筑，为此，不仅要节约开支，而且在和平时期还要尽力去偿还不可避免的战争所带来的债务，不要将我们自己应该承受的负担无情地留给后代。

我们要对所有国家遵守信约和正义，同所有国家促进和平与和睦。宗教和道德要求我们这样做。难道明智的政策不一样要求这样做吗？如果我们能够成为一个总是遵奉崇高的正义和仁爱精神的民族，为人类树立高尚而崭新的典范，那我们便不愧为一个自由的、开明的，而且会在不久的将来变得伟大的国家。如果我们始终如一地坚持这种方针，可能会损失一些暂时的利益，但是谁会怀疑，随着时间的推移和事物的变迁，收获将远远超过损失呢？难道苍天没有将一个民族的永久幸福和它的品德联系在一起吗？至少，每一种使人性变得崇高的情操都甘愿接受这种考验的。万一考验失败，这是否由人的恶行造成的呢？

在实行这种方针时，最要紧的，乃是不要对某些国家抱着永久而固执的厌恶心理，而对另一些国家则热爱不已；应当对所有国家都培养公正而友善的感情。一个国家，如果习于对其他国家恶此喜彼，这个国家便会在某种程度上沦为奴隶；或为敌意的奴隶，或为友情的奴隶，随便哪一种都足以将它引离自己的责任和自己的利益。一国对于另一国心存厌恶，两国便更易于彼此侮辱和互相伤害，更易于因小故而记恨，并且在发生偶然或细琐的争执时，也易于变得骄狂不羁和难以理喻。

一国对他国怀着热烈的喜爱，也一样能产生种种弊端。由于对所喜爱的国家抱有同情，遂幻想彼此有共同的利益，实则所谓共同利益仅是想象的，而非真实的；再者，把他国的仇恨也灌注给自己，结果当他国与别国发生争执或战争，自己也会在没有充分原因和理由的情况下陷身其中。此外，还会把不给予他国的特权给予所喜爱的国家。于是，这个做出让步的国家，便会蒙受双重损害，一是无端损失本身应当保留的利益，一是激起未曾得到这种利益的国家的嫉妒、恶感和报复心理；这给那些有野心的、腐化的或受蒙蔽的公民（他们投靠自己所喜爱的国家）提供了方便，使他们在背叛或牺牲自己国家的利益时不但不遭人憎恨，有时甚至还受到欢迎，并把由于野心、腐化或糊涂而卑鄙愚蠢地屈服的人粉饰成有正直的责任感、顺乎民意或是热心公益而值得赞扬的人。

一个自由民族应当经常警觉，提防外国势力的阴谋诡计（同胞们，我恳求你们相信我），因为历史和经验证明，外国势力乃是共和政府最致命的敌人之一。不过这种提防，要想做到有效，必须不偏不倚，否则会成为我们所要摆脱的势力的工具，而不是抵御那种势力的工事。对某国过度偏爱，对另外一个过度偏恶，会使受到这种影响的国家只看到一方面的危险，却掩盖甚至纵容另一方所施的诡计。当我们所喜欢的那个国家的爪牙和受他们蒙蔽的人，利用人民的赞赏和信任，诱骗人民放弃本身的利益时，那些可能抵制该国诡计的真正爱国志士，反而极易成为怀疑与憎恶的对象。

我们处理外国事务的最重要原则，就是在与它们发展商务关系时，尽量避免涉及政治。我们已订的条约，必须忠实履行。但以此为限，不再增加。

欧洲有一套基本利益，它对于我们毫无或甚少关系。欧洲经常发生争执，其原因基本上与我们毫不相干。所以，如果我们卷进欧洲事务，与他们的政治兴衰人为地联系在一起，或与他们友好而结成同盟，或与他们敌对而发生冲突，都是不明智的。

我国独处一方，远离他国，这种地理位置允许并促使我们奉行一条不同的政策路线。如果我们在一个称职的政府领导下保持团结，在不久的将来，我们就可以不怕外来干扰造成的物质破坏；我们就可以采取一种姿态，使我们在任何时候决心保持中立时，都可得到他国严正的尊重；好战国家不能从我们这里获得好处时，也不敢轻易冒险向我们挑战；我们可以在正义的指引下依照自己的利益，在和战问题上做出抉择。

我们为什么要摒弃这种特殊环境带来的优越条件呢？为什么要放弃我们自己的立场而站到外国的立场上去呢？为什么要把我们的命运同欧洲任何一部分的命运交织一起，以致把我们的和平与繁荣，陷入欧洲的野心、竞争、利益关系、古怪念头，或反复无常的罗网之中呢？

我们真正的政策，乃是避免同任何外国订立永久的同盟，我的意思是我们现在可自由处理这种问题。但请不要误会，以为我赞成不履行现有的条约。我认为，诚实是最好的政策，这句格言不仅适用于私事，亦通用于公务。所以我再重复说一句，那些条约应按其原意加以履行。但我觉得延长那些条约是不必要，也是不明智的。

我们应当经常警惕，建立适量的军队以保持可观的防御姿态，这样，在非常紧急时期中，我们才可以安全地依靠暂时性的同盟。

无论就政策而言，就人道而言，就利害而言，我们都应当跟一切国家保持和睦相处与自由来往。我们的商业政策也应当采取平等和公平的立易，既不向他国要求特权或特惠，亦不给予他国以特权或特惠；一切要顺事物之自然而行；要用温和的手段扩展商业途径并作多种经营，绝不强求；与有此意向的国家订立有关交往的习用条例，使贸易有稳定的方向，我国商人的权利得以明确，政府对他们的扶助得以实现，这种条例应为现时情势和彼此意见所容许的最合理的条例，但也只是暂时的，得根据经验与情势随时予以废弃或改变；须时时谨记，一国向他国索求无私的恩惠是愚蠢的；要记住，为了得到这种性质的恩惠，它必须付出它的一部分独立为代价；要记住，接受此类恩惠，会使本身处于这样的境地：自己已为那微小的恩惠付出同等的代价，但仍被谴责为忘恩负义，认为付出得不够。期待或指望国与国之间有真正的恩惠，实乃最严重的错误。这是一种幻想，而经验必可将其治愈，正直的自尊心必然会将其摈弃。

虽然在检讨本人任期内施政时，我未发觉有故意的错误，但是我很清楚我的缺点，并不以为我没有犯过很多错误。不管这些错误是什么，我恳切地祈求上帝免除或减轻这些错误所可能产生的恶果。而且我也将怀着一种希望，愿我的国家永远宽恕这些错误。我秉持正直的热忱，献身为国家服务，已经 45 年，希望我因为能力薄弱而犯的过失，会随着我不久以后长眠地下而湮没无闻。

我在这方面和在其他方面一样，均须仰赖祖国的仁慈，我热爱祖国，并受到爱国之情的激励，这种感情，对于一个视祖国为自己及历代祖先的故土的人来说，是很自然的。因此，我以欢欣的期待心情，指望在我切盼实现的退休之后，我将与我的同胞们愉快地分享自由政府治下完善的法律的温暖——这是我一直衷心向往的目标，并且我相信，这也是我们相互关怀、共同努力和赴汤蹈火的优厚报酬。

19. 林肯的第一次就职演说
（1861）

【亚伯拉罕·林肯在当选为总统的讲台前做着充分的就职演讲。但就在林肯被任命为总统并发表演说之际，从联邦共和国退出的南方七个州成立了一个临时政府，夺取了包括七个州在内的隶属联邦的众多要塞。这是林肯上任后面临的处境。】

合众国的同胞们：

按照一个和我们的政府一样古老的习惯，我现在来到诸位的面前，简单地讲几句话，并在你们的面前，遵照合众国宪法规定一个总统在他"到职视事之前"必须宣誓的仪式，在大家面前宣誓。

我认为没有必要在这里来讨论并不特别令人忧虑和不安的行政方面的问题。

在南方各州人民中似乎存在着一种恐惧心理，他们认为，随着共和党政府的执政，他们的财产、他们的和平生活和人身安全都将遭到危险。这种恐惧是从来没有任何事实根据的。事实上，大量相反的证据倒是一直存在，并随时可以供他们检查的。那种证据几乎在现在对你们讲话的这个人公开发表的每一篇演说中都能找到。这里我只想引用其中的一篇，在那篇演说中我曾说，"我完全无意，对已经存在奴隶制的各州的这一制度，进行直接或间接的干涉。我深信我根本没有合法权利那样做，而且我无此意图。"那些提名我并选举我的人都完全知道，我曾明确这么讲过，并且还讲过许多类似的话，而且从来也没有收回过那些话。不仅如此，他们还在纲领中，写进了对他们和对我来说，都具有法律效力的一项清楚明白、不容含糊的决议让我接受。这里我来对大家宣读这一决议：

"决议，保持各州的各种权利不受侵犯，特别是各州完全凭自己的决断来安排和控制本州内部各种制度的权力不受侵犯，乃是我们的政治结构赖以完善和得以持久的权力均衡的至为重要的因素。我们谴责使用武装力量非法入侵任何一个州或准州的土地，这种入侵不论使用什么借口，都是最严重的罪行。"

我现在重申这些观点：而在这样做的时候，我只想提请公众注意，最能对这一点提出确切证据的那就是全国任何一个地方的财产、和平生活和人身安全决不会在任何情况下，由于即将上任的政府而遭到危险。这里我还要补充说，各州只要符合宪法和法律规定，合法地提出保护要求，政府便一定会乐于给予法律保护，不管是出于什么原因——而且对任何一个地方都一视同仁。

有一个争论得很多的问题是，关于逃避或引渡从服务或劳役中逃走的人的问题。我现在要宣读的条文，也和任何有关其他问题的条款一样，明明白白写在宪法之中：

"凡根据一个州的法律应在该州服务或从事劳役的人，如逃到另一州，一律不得按这一州的法律或条例，使其解除该项服务或劳役，而必须按照有权享有该项服务或劳役的当事人的要求，将其引渡。"

毫无疑问，按照制定这一条款的人的意图，此项规定实际指的就是，对我们所说的逃亡奴隶有权索回；而法律制定人的这一意图实际已成为法律。国会的所有议员都曾宣誓遵守宪法中的一切条款——对这一条和其他各条并无两样。因此，关于适合这一条款规定的奴隶应"将其引渡"这一点，他们的誓言是完全一致的。那么现在如果他们心平气和地作一番努力，他们难道不能以几乎同样完全一致的誓言，制定一项法律，以使他们的共同誓言得以实施吗？

究竟这一条款应该由国家当局，还是由州当局来执行，大家的意见还不完全一致。但可以肯定地说，这种分歧并不是什么十分重要的问题。只要奴隶能被交还，那究竟由哪一个当局来交还，对奴隶或对别的人来说，没有什么关系。任何人，在任何情况下，也决不会因为应以何种方式来实现他的誓言这样一个无关紧要的争执，他便会认为完全可以不遵守自己的誓言吧？

另外，在任何有关这一问题的法律中，应不应该把文明和人道法学中关于自由的各项保证都写上，以防止在任何情况下使一个自由人被作为奴隶交出吗？同时，宪法中还有一条规定，明确保证"每一州的公民都享有其他各州公民所享有公民的一切特权和豁免权"，我们用法律保证使这一条文得以执行，那不是更好吗？

我今天在这里正式宣誓，思想上绝无任何保留，也绝无意以任何过于挑剔的标准来解释宪法或法律条文。我现在虽不打算详细指出国会的哪些法令必须要遵照执行；但我建议，我们大家，不论以个人身份还是以公职人员的身份，为了有更多的安全，我们最好服从并遵守现在还没有废除的一切法令，而不要轻易相信可以指之为不合宪法，便可以逃脱罪责，而对它们公然违反。

自从第一任总统根据国家宪法宣誓就职以来，72年已经过去了。在这期间，15位十分杰出的公民相继主持过政府的行政部门。他们引导着它度过了许多艰难险阻，一般都获得极大的成功。然而，尽管有这么多可供参考的先例，我现在将在宪法所规定的短短四年任期中来担任这同一任务，却面临着巨大的非同一般的困难。在此以前，分裂联邦只是受到了威胁，而现在却是已出现力图分裂它的可怕行动了。

从一般法律和我们的宪法来仔细考虑，我坚信，我们各州组成的联邦是永久性的。在一切国民政府的根本大法中永久性这一点，虽不一定写明，却是不言而喻的。我们完全可以肯定说，没有一个名副其实的政府会在自己的根本法中定出一条，规定自己完结的期限。继续执行我国宪法所明文规定的各项条文，联邦便将永远存在下去——除了采取并未见之于宪法的行动，谁也不可能毁灭掉联邦。

还有，就算合众国并不是个名副其实的政府，而只是依靠契约成立的一个各州的联合体，那既有契约的约束，若非参加这一契约的各方一致同意，我们能说取消就把它取消吗？参加订立契约的一方可以违约，或者说毁约；但如果合法地取消这一契约，岂能不需要大家一致同意吗？

从这些总原则出发，我们发现，从法学观点来看，联邦具有永久性质的提法，是为联邦自身的历史所证实的。联邦本身比宪法更为早得多。事实上，它是由1774年签订的《联合条款》建立的。到1776年的《独立宣言》才使它进一步成熟和延续下来。

然后，通过 1778 年的"邦联条款"使它更臻成熟，当时参加的十三个州便已明确保证要使邦联永久存在下去。最后，到 1787 年制定的宪法公开宣布的目的之一，便是"组建一个更为完美的联邦"。

但是，如果任何一个州，或几个州也可以合法地把联邦给取消掉，那么这个联邦比它在宪法制定以前更不完美了，因为它已失去了它的一个至关重要因素——永久性。

从这些观点我们可以认定，任何一个州，都不可能仅凭自己动议，便能合法地退出联邦，而任何以此为目的的决议和法令在法律上都是无效的；至于任何一州或几州的反对合众国当局的暴力行为，都可以依据具体情况视为叛乱或革命行为。

因此我认为，从宪法和法律的角度来看，联邦是不容分裂的；我也将竭尽全力，按照宪法明确赋予我的责任，坚决负责让联邦的一切法令在所有各州得以贯彻执行。这样做，我认为只是履行我应负的简单职责。只要是可行的，我就一定要履行它，除非我的合法的主人美国人民，收回赋予我的不可缺少的工具，或行使他们的权威，命令我采取相反的行动。我相信我这话决不会被看成是一种恫吓，而只会被看作实现联邦已公开宣布的目的，它必将按照宪法保卫和维持它自己的存在。

要做到这一点并不需要流血或使用暴力，除非有人把它强加于国家当局，否则便绝不会发生那种情况。赋予我的权力将被用来保持、占有和掌管属于政府的一切财产和土地，征收各种税款和关税；但除为了这些目的确有必要之外，决不会有什么入侵问题，决不会在任何地方对人民，或在人民之间使用武力。任何内地，即使对联邦政府的敌对情绪已十分严重和普遍，以致妨害有能力的当地公民执行联邦职务的时候，政府也决不会强制派进令人厌恶的外来人去担任这些职务。尽管按严格的法律规定，政府有权强制履行这些职责，但一定要那样做，必然非常使人不愉快，也几乎不切实际，所以我认为最好还是暂时先把这些职责放一放。

邮政，除非遭到拒收，仍将在联邦全境运作。在可能的情况下，一定要让各地人民，都享有完善的安全感，这十分有利于冷静思索和反思。我在这里所讲的这些方针必将奉行，除非当前事态和实际经验表明修改或改变方针是合适的。对任何一个事件和紧急问题，我一定会根据当时出现的具体形势谨慎从事，期望以和平手段解决国内纠纷，力图恢复兄弟爱手足情。

至于说某些地方总有些人不顾一切一心想破坏联邦，并不惜以任何借口图谋不轨，我不打算肯定或否定。如果确有这样一些人，我不必要再对他们讲什么。但对那些真正热爱联邦的人，我不可以讲几句吗？

在我们着手研究如此严重的一件事情之前，那就是要把我们的国家组织连同它的一切利益，一切记忆和一切希望全给消灭掉，难道明智的做法不是先仔细研究一下那样做究竟是为了什么？当事实上极有可能你企图逃避的祸害并不存在的时候，你还会不顾一切采取那种贻害无穷的步骤吗？或者你要逃避的灾祸虽确实存在，而在你逃往的地方却有更大的灾祸在等着你，那你会往那里逃吗？你会冒险犯下如此可怕的一个错误吗？

大家都说，如果宪法中所规定的一切权利都确实得到执行，那他也就会留在联邦里。那么，真有什么如宪法明文规定的权利被否定了吗？我想没有。很幸运，人的头脑是这样构造出来的，没有一个党敢于如此冒天下之大不韪。如果可能，请你们讲出一个实例来，说明有什么宪法中明文规定的条款是没有得到执行的。如果多数派完全靠人数上的优势，剥夺掉少数派在宪法上明文规定的权利，这件事从道义的角度来看，也许可以说革命是正当的，如果被剥夺的是极为重要的权利，那革命无疑是合理的。但我们的情况却并非如此。少数派和个人的一切重要权利，在宪法中，通过肯定和否定、保证和禁令；都一一向他们作了明确保证，以至于这类问题，从来也没有引起过争论。但是，在制定基本法时却不可能对实际工作中出现的任何问题，都一一写下可以立即加以应用的条文。再高明的预见也不可能料定未来的一切，任何长度适当的文件也不可能包容下针对一切可能发生的问题的条文。逃避劳役的人到底应该由联邦政府交还还是由州政府交还呢？宪法上没有具体规定。国会可以在这里禁止奴隶制吗？宪法没有具体规定。国会必须保护这里的奴隶制吗？宪法也没有具体规定。

从这类问题中引出了我们对宪法问题的争端，并因这类问题使我们分成了多数派和少数派。如果少数派不肯默认，多数派便必须默认，否则政府便只好停止工作了。再没有任何别的路可走。要让政府继续行使职权，便必须要这一方或那一方默认。

在这种情况下，如果一个少数派宁可脱离也决不默认，那他们也就开创将来必会使他们分裂和毁灭的先例。因为，当多数派拒绝接受这样一个少数派的控制的时候，他们中的少数派便必会从他们之中再脱离出去。比如说，一个新的联盟的任何一部分，在一两年之后，为什么就不会像现在的联邦中的一些部分坚决要脱离出去一样，执意要从那个新联盟中脱离出去。所有怀着分裂联邦思想的人现在都正接受着分裂思想的教育。

难道要组成一个新联邦的州，它们的利益竟会是那样完全一致，它们只会有和谐，而不会再出现脱离行动吗？

非常清楚，脱离的中心思想实质就是无政府主义。一个受着宪法的检查和限制的约束，总是随着大众意见和情绪的慎重变化而及时改变的多数派，是自由人民的唯一真正的统治者。谁要想排斥他们，便必然走向无政府主义或专制主义。完全一致是根本不可能的。把少数派的统治作为一种长期安排是完全不能接受的，所以，一旦排斥了多数原则，剩下的便只有某种形式的无政府主义或某种专制主义了。

我没有忘记某些人的说法，认为宪法问题应该由最高法院来裁决。我也不否认这种裁决，在任何情况下，对诉讼各方，以及诉讼目的，完全具有约束力，而且在类似的情况中，应受到政府的一切其他部门高度的尊重和重视。尽管非常明显，这类裁决在某一特定案例中都很可能会是错误的，然而，这样随之而来的恶果总只限于该特定案件，同时裁决还有机会被驳回，不致成为以后判案的先例，那这种过失比起其他的过失来当然更让人容易忍受。同时，正直的公民必须承认，如果政府在有关全体人民利害的重大问题的政策，都得由最高法院的裁决做出决定，那一旦对个人之间的一般诉讼做出裁决时，人民便已不再是自己的主人，而达到了将他们的政府交给那个高于一切的法庭的地步了。我决无意是对法院或法官表示不满。一件案子按正常程序送到他们面前，对它做出正当裁决，是他们不可推卸的责任。如果别的人硬要把他们的判决用来达到政治目的，那并不是他们的过错。

我国有一部分人相信奴隶制是正确的，应该扩展，而另一部分人又相信它是错误的，不应该扩展。这是唯一的实质性的争执，宪法中有关逃亡奴隶的条款，以及制止对外奴隶贸易的法律，在一个人民的道德观念并不支持该法的社会里，它们的执行情况也许不次于任何一项法律所能达到的程度。在两种情况下，绝大多数的人都遵守枯燥乏味的法律义务，但又都有少数人不听那一套。关于这一点，我想，要彻底解决是根本不可能的。如果地区分离以后，情况只会更坏。对外奴隶贸易现在并未能完全加以禁止，最后在一个地区中必将全面恢复；对于逃亡奴隶，在另一个地区，现在送回的只是一部分，将来会完全不肯交出来了。

就自然条件而言，我们是不能分离的。我们决不能把我们的各个地区相互搬开，也不可能在它们之间修建起一道无法逾越的高墙。一对夫妻可以离婚，各走各的路，彼此再不见面；但我们国家的各部分可无法这么办。它们只能面对面相处，无论友好或仇视，他们仍必须彼此继续交往。我们能有任何办法使得这种交往在分离之后比分离之前更为有利或更为令人满意吗？难道在外人之间订立条约，比在朋友之间制定法律还更为容易吗？难道在外人之间履行条约比在朋友之间按法律办事还更忠实吗？就算你们决定战争，你们总不能永远打下去吧。最后当两败俱伤而双方都一无所获时，你们停止战斗，那时依照什么条件相互交往，这同一个老问题仍会照样摆在你们面前了。

这个国家，连同它的各种机构都属于居住在这里的人民。任何时候，他们对现存政府感到厌倦了，他们可以行使他们改革政府的宪法权利，或者行使他们的革命权利解散它或者推翻它。我当然知道，现在就有许多尊贵的、爱国的公民急于想修订我们的宪法。尽管我自己不会那么建议，我却也完全承认他们在这个问题上的合法权利，承认他们可以按照宪法所规定的两种方式中的任何一种来行使这种权利；而且，在目前情况下，我不但不反对，而倒是赞成给人民一个公正的机会让他们去行动。我还不禁要补充一点，在我看来，采取举行会议的方式似乎更好一些，这样可以使修订方案完全由人民自己提出，而不是只让他们去接受或拒绝一些并非特别为此目的而选出的一些人提出的方案，因为也可能那些方案恰恰并不是他们愿意接受或拒绝的。我了解到现在已有人提出一项宪法修正案——这修正案我并没有看到，但在国会中已经通过了，大意说，联邦政府将永远不再干涉各州内部制度，包括那些应服劳役者的问题。为了使我讲的话不致被误解，我现在改变我不谈具体修正案的原来的打算，明确声明，这样一个条款，既然现在可能列入宪法，我不反对使它成为明确而不可改动的条文。

合众国总统的一切权威都来之于人民，人民并没有授予他规定条件让各州脱离出去的权力。人民自己如果要那样干，那自然也是可以的，可是现在的行政当局不能这样做。他的职责，是按照他接任时的样子管理这个政府，然后毫无损伤地再移交给他的继任者。

我们为什么不能耐心地坚决相信人民的最终的公道呢？难道在整个世界上还有什么更好的，或与之相等的希望吗？在我们今天的分歧中，难道双方不都是认为自己正确吗？如果国家的全能统治者，以他的永恒的真理和公正，站在你们北方一边，或你们南方一边，那么，依照美国人民这一伟大法官的判决，真理和公正必将胜利。

按照目前我们生活其下的现政府的构架，我国人民十分明智，授予他们的公仆胡作非为的权力是微乎其微的；而且同样还十分明智地规定，即使那点微乎其微的权力，经过很短一段时间后，就必须收回到他们自己手中。由于人民保持他们的纯正和警惕，任何行政当局，在短短的四年之中，也不可能用极其恶劣或愚蠢的行为对这个政府造成严重的损害。

我的同胞们，请大家对这整个问题平心静气地好好想一想，真正有价值的东西是不会因从容从事而丧失的。如果有个什么目标使你迫不及待地要取得它，你采取的步骤是在审慎考虑的情况下不会采取的，那个目标的确可能会由于你的仓促决定而达不到；但一个真正好的目标是不会因为从容从事而失去的。你们中现在感到不满的人，仍然必须遵守原封未动的老宪法，在这个敏感的问题上，仍然有根据宪法制定的法律。而对此二者，新政府即使想要加以改变，它自身现在也无此权力。即使承认你们那些心怀不满的人在这一争执中站在正确的一边，那也丝毫没有正当的理由要采取贸然行动。明智、爱国主义、基督教精神，以及对从未抛弃过这片得天独厚的土地的上帝的依赖，仍然完全能够以最理想的方式来解决我们当前的一切困难。

决定内战这个重大问题的是你们，我的心怀不满的同胞们，而并非决定于我。政府决不会攻击你们。只要你们自己不当侵略者，就不会发生冲突。你们并没有对天发誓必须毁灭这个政府，而我却曾无比庄严地宣誓，一定要"保持、保护和保卫"这个政府。

我真不想就此结束我的讲话，我们不是敌人，而是朋友。我们决不能成为敌人。尽管目前的情绪有些紧张，但决不能容许它使我们之间的亲密情感纽带破裂。回忆的神秘琴弦，在整个这片辽阔的土地上，从每一个战场，每一个爱国志士的坟墓，延伸到每一颗跳动的心和每一个家庭，它有一天会被我们的良知所触动，再次奏出联邦合唱曲。

20. 解放黑人奴隶宣言
（1863）

　　【在林肯发表引用在此文献开端的初步宣言之前，维护
联邦统一之战已持续进行了一年半。1863 年 1 月 1 日发布的
解放黑人奴隶宣言，扩大了争端基础。以外来国家的角度来
看，在道德与政治层面上给北方带来了优势。】

　　1862 年 9 月 22 日，联邦总统已经公布了一项宣言，包含如
下内容，即：

　　自 1863 年 1 月 1 日起，任何一州内指定地区要是仍蓄有奴
隶，当地人们将视为反叛合众国政府。一切被蓄为奴的人应该获
得自由，并永享自由。合众国政府，包括陆海军当局，承认并维
护上述人员之自由。对于此种人或其中任何一人为争取自由而作
努力，不采取任何压制行动。

　　从上述的 1 月 1 日起，总统将认定并宣布那些为反叛合众国
政府的州或州内地区。其他各州及当地人民如于该日确有由该州
多数合格选民选出的代表真诚地参加合众国国会，若没有其他有

力之反证，该州及其人民将被确认为不反叛合众国政府。

因此，我，合众国总统亚伯拉罕·林肯，在合众国政府及其权威受到武装叛乱反对时期，依据合众国陆海军总司令职权，为剿灭上述叛乱而采取适当与必需的军事手段，在 1863 年 1 月 1 日，于上次为此目的而发表之宣言满一百日之际，正式宣布并认定下列各州、州内地区及其人民反叛合众国政府，即：

阿肯色州、得克萨斯州、路易斯安那州（以下除外：圣佰纳、帕拉奎明斯、杰弗逊、圣约翰、圣查理士、圣詹姆士、阿克森、阿森姆逊、特里本、拉孚切、圣玛丽、圣马丁和奥尔良各教区、新奥尔良市）、密西西比州、亚拉巴马州、佛罗里达州、佐治亚州、南卡罗来纳州、北卡罗来纳州及弗吉尼亚州（除指定为西弗吉尼亚的 48 个县及其柏克莱、阿康马克、诺斯汉姆顿、伊丽莎白市、约克、安公主与诺福克，包括诺福克市及朴次茅斯市）。明确规定，对上述除外的各地区目前保持本宣言公布之原状。

根据上述目的及我有之权力，我正式命令并宣布，在上述指明的各州及州内地区，所有被蓄为了奴隶的人，从现在起，获得自由，并永享自由；合众国政府，包括其陆海军当局，承认及维护上述人员之自由。

我在此责成上述宣告获得自由之人员，除必要的自卫，应该避免使用任何暴力；同时劝告他们，如果条件允许，在任何情况下都应该忠实工作，取得合理的薪金。

我还要宣布，上述人员如条件符合，可为了合众国征集入伍及警卫堡垒要塞、据点兵站及其他地方，亦可在各种军舰上服务。

我真诚地认为，这是一个正义的行动，此行动由于是军事之必须，为宪法所认可。我要求人类判断此行动时予以谅解，请求全能上帝慈悲赐福。

众人为鉴，我现在执起手在此宣言署上合众国政府印章。

宣于 1863 年 1 月 1 日，美利坚合众国独立 87 年。

亚伯拉罕·林肯 总统

威廉·亨利·西沃德 国务卿

21. 林肯的葛底斯堡演说
（1863）

【1863 年 11 月 19 日，葛底斯堡战场的一部分被指定为国家公墓，为在那里阵亡的士兵们竖立起纪念碑。整个仪式由爱德华·埃弗雷特主持，在仪式结束时林肯在现场发表了这篇最意味深长和最雄辩的演讲词。】

87 年以前，我们的祖先在这片大陆上建立了一个新的国家，它孕育于自由之中，并且奉行所有人生来平等的信念。

当前，我们正在从事一场伟大的内战，以考验这个国家，或者任何一个孕育于自由和奉行上述原则的国家是否能够长久存在下去。我们在这场战争中的一个伟大战场上集会。烈士们为使这个国家能够生存下去而献出了自己的生命，我们来到这里，是要把这个战场的一部分奉献给他们作为最后安息之所。我们这样做是完全应该而且非常恰当的。但是，从更广泛的意义上说，我们不能够奉献、不能够圣化、不能够神化这片土地。那些曾在这里战斗过的勇士们，活着的和去世的，已经把这块土地圣化了，这远不是我们微薄的力量所能增减的。我们今天在这里所说的话，全世界不大会注意，也不会长久地记住，但勇士们在这里所做过的事，全世界却永远不会忘记。相反，倒是我们这些还活着的人，应该献身于那些曾在此作战的人们所英勇推动而尚未完成的工作。我们应该在此献身于我们面前所留存的伟大工作——由于他们的光荣牺牲，我们要更坚定地致力于他们曾做最后全部贡献而献身的那个事业。我们在此立志宣誓，不能让他们白白死去，要使这个国家在上帝的庇佑之下，得到新生的自由，要使这个民有、民治、民享的政府永世长存。

22. 李将军告别军队
（1865）

北弗吉尼亚军队总部

1865 年 4 月 10 日

经过四年的艰苦奋斗，北方军队展示了无与伦比的勇气与毅力，但终究因数量上的巨大差距和资源的极度匮乏而被迫投降。我无须向那些幸存者们描述数量繁多的艰苦卓绝的战斗，战士们艰苦奋战，拼至最后时刻，现在我赞成这种结局并非是不信任他们。因我认为英勇与牺牲不能补偿继续作战所遭到的损失，才决定使战功卓著受人敬爱的人不再做无谓的牺牲。孩子们，我已经为你们争取到最好的条件，按照这份协议上面的条款，军官及士兵能够重返家园，安享晚年。回家吧，你们都是好士兵，如果你们也想成为一个好公民的话，你们一定能够做到，你们会为你们身上曾经肩负的责任感而感到自豪，我真诚地祈求仁慈的上帝能给你们祝福和保护。你们对于国家的坚定不移的信念及忠诚之心，我向来为你们感到骄傲，你们对我善意、无私的照顾与关心，我将永记于心。在此，我向大家深情告别。再见了，孩子们，愿上帝保佑你们。

罗伯特·李将军

23. 林肯第二次就职演说
（1865）

【林肯第二次就职时，战争的浪潮已经偏向北方联军的方向，战争即将结束。然而，林肯演讲的语气却异常温和，而非那种成功后的扬扬得意，演讲铿锵有力、抑扬顿挫，既有温和的一面，又有刚毅坚决的一面。】

同胞们：

在第二次宣誓就职总统的时候，我不必像第一次那样做长篇的演讲了。第一次就职典礼上，较为详尽地叙述我们要采取的方针和道路，看来是合适与恰当的。现在，在我的 4 年任期结束之时，有关这场至今仍为举国瞩目与致力的大斗争的每个方面，时时有公开的宣告，因此没有新的内容向各位奉告了。我们的一切都依靠武装力量，这方面的进展，大家知道得和我一样清楚。我相信，大家对此颇感满意和鼓舞。我们对未来抱有很大希望，在军事方面就毋庸多作预测。

4 年前我初次就职之际，全国思虑都集中在即将爆发的内战之上。大家对内战都怀有恐惧，都设法避免这场内战的发生。当时我在这个讲坛上发表的就职演说，全部内容就是为了不战而拯救联邦。当时城里的叛逆分子却企图不用战争而摧毁联邦，企图通过谈判来瓦解联邦，瓜分国家所有。双方都反对战争，但其中一方却宁愿战争也不愿联邦毁灭，于是内战爆发。

我国黑奴占人口1/8，他们不是普遍分布于全国各地，而是集中在南部。这些黑奴，构成一种特殊而重要的利益。尽人皆知，这种利益迟早会成为战争的起因。叛逆分子不惜发动战争分裂联邦，以达到增大、扩展这种利益、使之永存的目的，政府却除去要求将奴隶制限于原来区域，不使扩大之外，不要求其他任何权利，双方都不曾预料到战争会有这样大的规模，持续这样久，不曾预料到引起冲突的原因在冲突停止前会消失。双方都寻求轻而易举的胜利，不求彻底或惊人的结果。双方信奉同一宗教。敬拜同一上帝，都诉求上帝帮助战胜对方。说来奇怪，竟有人敢于要求公正的上帝帮助自己去榨取别人的血汗，但我们不要去品评他人吧，以免受到别人的评论。双方的祈求都不应得到满足，也没有任何一方得到完全的满足，因为全能的上帝自有主张。"祸哉斯世，以其陷人故也，夫陷人于罪，事所必有，但陷人祸矣。"如果我们把美国的奴隶制当成是上帝必定要降给我们的灾祸，这灾祸已经到了上帝指定期限，他现在要免去这场灾祸了。他把这场可怕的战争降给南北双方，是要惩罚那些带来灾祸的人。笃信耶稣基督的人常把许多美德归于基督，我们难道可以说基督的这些作为，与他的美德相悖吗？我们满怀希望，我们热诚祈祷，愿这场惩罚我们的战争早日过去；但假若天意要这场战争延续下去，直至250年来利用奴隶无偿劳动辛苦积聚下来的财富销毁净尽，直至奴隶在皮鞭下流淌的鲜血用刀剑下的鲜血来偿清，如同三千年前古语所说的那样，我们仍然要称颂上帝的判决是公允合理的。

我们对任何人不怀恶意，对所有人都抱有善心，对上帝使我们认识到的正义无限坚定。让我们努力完成我们正在进行的工作，愈合国家的战争伤痕，关怀战死的烈士及其遗属，尽一切力量争得并维护我国及全世界的正义的、持久的和平。

24. 大赦宣言
（1863）

【大赦宣言生动地揭示了林肯如果还活着，尝试解决重建问题所遵循的方针路线。其主要思想是在每个州建立忠于联邦的政党，然后由这些政党尽快地恢复和建立各州政府。】

鉴于美国宪法的规定，美国总统"除了受到弹劾的情况之外，有权对那些违反美国宪法的罪犯进行缓刑或赦免"。

尽管长时间以来，不少州的州政府忠诚地保护我们的国家不被破坏，叛乱行为仍然普遍存在，很多人曾经触犯过叛国罪或正在实施这样的行为。

针对前面提到反叛及叛国等罪行，国会已经颁布法律，宣布没收犯罪分子的个人财产充公，解放奴隶。所有法律条款明确规定，在法律条文颁布之后，总统得到授权，在特殊情况下，非常时期及非常条件下，只要是他认为有利于社会公益的做法，总统就可以对参与各州或个别地区的反叛行为进行赦免。

对于那些受到限制的，依据具体条件而定的赦免行为，国会宣言对赦免权利提供了完善的司法阐述。

针对上面提及的反叛行为，美国总统已经签署了几份有关奴隶解放的声明。

以前那些参与上述叛乱行为的人希望他们能够有机会恢复对合众国的忠诚，恢复他们对各自州政府的忠诚：

因此——

我，亚伯拉罕·林肯，美利坚合众国的总统，现在明确宣告并郑重声明，对那些曾参加过叛乱而现在宣誓忠于合众国及其所有法律和有关奴隶制宣言的人，实行"全部赦免"并恢复其"除奴隶外"的全部财产，就财产而言，第三方党派如果参与，在这种情况下，每个人都要宣誓并保证坚守誓言不受侵犯。此类誓言应该注册在案并坚持到底，而且要体现如下的宗旨与影响，即：

"我，亚伯拉罕·林肯，美利坚合众国的总统，在无所不能的上帝面前庄严宣誓，从此以后，我要忠诚地支持、维护、捍卫合众国宪法及其缔造的联邦政府；同样，我将严格遵守并忠诚支持国会在现行叛乱期间所通过的关于努力解放的全部法律或宣言，只要到目前为止没有被国会废除、修改或宣布无效，或是最高法院的决议；同样的，我将会严格遵守并衷心支持总统在现行叛乱期间所做的与奴隶相关的所有的宣言，只要到目前为止没有被最高法院修改过或者宣布无效的。所以，愿上帝助我。"

免除上述条款规定享有利益的那些人都是或将会成为我们所谓的联邦政府的市民或外交官员；所有脱离美国司法体系而支持叛乱的人，所有现在已经成为或即将成为上述联邦政府军队或海军军官，而且军衔为陆军上校或海军中尉以上之人；所有脱离美国议会席位支持叛乱之人；所有辞去美国陆军或海军委员职务后支持叛乱之人；所有以任何方式参与虐待遭受指控成为战犯的黑人或白人者，这些人可能生活在美国，以士兵、水手或其他身份为美国服务。

我进一步声明，宣布并澄清一点，无论何时，在阿肯色州、得克萨斯州、路易斯安那州、密西西比州、田纳西州、亚拉巴马州、佐治亚州、佛罗里达州、南加利福尼亚州及北加利福尼亚州中的任何一州，只要人数达到居住地区选民的十分之一，从1860年开始，每个州都应宣誓遵守上面提到的誓言，在所谓的脱离联邦的行为面前，应该成为一名符合各州选举法规定的合格选民，所有公民都应致力于重建一个共和政体的国家政府，不能违背上述誓言，这样才能成为真正的国家政府，国家亦会获益于宪法法案，因为法案宣布"合众国应该保证联邦各州建立一个共和政府，应该保护各州不受侵略；保证在国家出现暴力事件时法律的应用及具体执行（在州议会不能召集的情况下）"。

我进一步声明，宣布并澄清一点，由国家政府采用的任何与国内自由人相关的法律条款，都应该承认并宣布他们的永久自由，给他们提供受教育的机会，对那些靠劳动为生，失去土地及无家可归之人，对他们目前的临时安排要符合其自身的情况，不应受到国家行政的反对。

建议在各州都建立一个忠诚的州政府，各州的名称、区域界线、区域内部的详细划分、州宪法以及一般法律规等，应像国家分裂之前那样加以保留，但是应当根据各州的具体情况加以适当修改，而且这些内容都不应违反上述条件，这些做法可以看作是新政府建立过程中的权宜之计。

　　为了避免造成误解，可以恰当地说这项公告只要与州政府相关，就不是指那些一直以来忠诚的州政府所保持的状态。而且，由于同样的原因，可以进一步说，无论各州选出加入议会的议员是否能够取得合法席位，还是专门属于议会的上下两院，他们都和执行机构没有直接关系。而且，在国家机关不能正常行使其功能，或忠诚的州政府被颠覆时，这份公告旨在代表各州人民的意愿，可以尝试建立一种新的模式，在这种新型模式下，国家机关或州政府可以在上述相关各州加以重建。而且，尽管这种模式是执行机构目前状态下能够建议的最好模式，但是我们也一定要清楚其他模式不是不可以接受的。

　　1863 年 12 月 8 日，美利坚合众国独立 88 周年之际，亲手签署于华盛顿市。

亚伯拉罕·林肯

封印

25. 林肯写给比克斯比夫人的信 （1864）

1864 年 11 月 21 日，华盛顿，白宫

致马萨诸塞州波士顿的比克斯比夫人：

亲爱的夫人：

　　我看到了一份由马萨诸塞州参谋主任委托国防部递交的报告，得知您就是在战场上光荣牺牲的五兄弟的母亲。我深知任何语言也无法解脱如此巨大的损失带给你的悲痛，但我抑制不住。我要向您表示我忠心的慰问，以及他们为之捐躯的国家对您的感激之情。我恳求上帝抚平您失去爱子的哀伤，心中留下对英烈们珍贵的记忆，以及您当之无愧的为自由而奉献的神圣的自豪感。

您最最忠诚的：亚伯拉罕·林肯